All about Eve

Alles, was Jungs über Mädchen wissen müssen

cbt

Außerdem bei cbt erschienen:

»All about Adam – Alles was Mädchen über Jungs wissen müssen«
(30335)

blue4you (Hg.)

All about Eve

Alles, was Jungs über Mädchen wissen müssen

cbt

cbt

cbt – C. Bertelsmann Taschenbuch
Der Taschenbuchverlag für Jugendliche
Verlagsgruppe Random House

Umwelthinweis:
Alle bedruckten Materialien dieses Taschenbuchs sind chlorfrei und umweltschonend.

1. Auflage
Erstmals als cbt Taschenbuch August 2006
Gesetzt nach den Regeln der Rechtschreibreform

blue4you ist ein Projekt von das://blaue.buero GmbH,
Hamburg, Ansprechpartner: Hans Nolte
Die Erstausgabe erschien 2000 im Verlag Heinrich
Ellermann, Hamburg
Autoren: Franck Winnig, Kristina Kroemer
Co-Autoren: Darius Diekmann, Carola Nowak,
Kerstin Walker
Umschlagbild: Fotosearch
Umschlaggestaltung: init.büro für gestaltung, Bielefeld
Fotos im Innenteil:
Caroline Marti, www.carolinemarti.com und
Thomas Rusch, www.thomasrusch.com
Art Director: Rainer Uhlen
Grafik: Karolina Stasiak
MI • Herstellung: CZ
Satz und Reproduktion: Repro Studio Kroke GmbH,
Hamburg
Druck und Bindung: Těšínská Tiskárna, a.s.,
Český Těšín
ISBN-10: 3-570-30334-9
ISBN-13: 978-3-570-30334-4
Printed in the Czech Republic

www.cbj-verlag.de

INHALT

INHALT

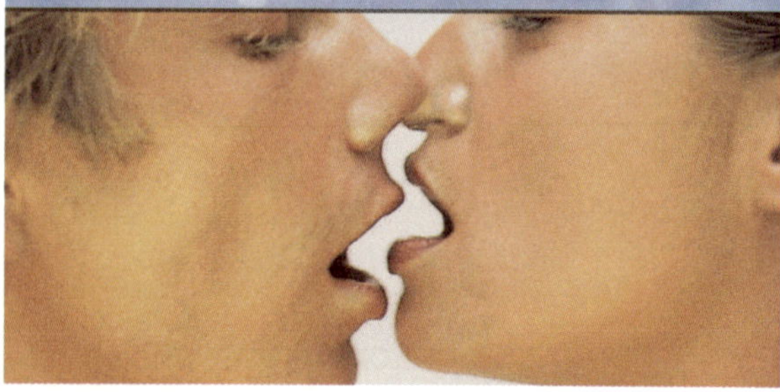

[kribbeln im bauch]

„Unter Uns"-Star Tobias Licht (Botschafter ALL ABOUT ADAM) über Mädchen, Liebe und Gefühl und seine Mitarbeit bei blue4you

Stell dir vor, du lernst ein Mädchen kennen. Du entdeckst sie im Café, auf der Party des besten Freundes, beim Rollerbladen, auf dem Schulhof oder im Kino. Erst guckst du nur zaghaft rüber, chekkst, ob sie dich überhaupt registriert. Dann lächelt sie zurück und du denkst: „Wow!" Aber dann geht der Ärger erst los.

Es gibt eine Menge verschiedener Varianten in diesem Spiel der Geschlechter, mit dem wir uns alle ab genau dem Zeitpunkt rumärgern müssen, an dem wir uns zum ersten Mal für Mädchen zu interessieren beginnen. Manchmal ist es nur ein Flirt, das Kribbeln, der Spaß, der im Vordergrund steht. Darüber könnt ihr eine Menge von Rike lernen, die Flirten fast in Perfektion beherrscht (Seite 28). Rike ist Schauspielerin, genau wie ich steht sie in der Öffentlichkeit und wird kritisch beäugt. Für uns (wie auch die anderen) war es eher ungewöhnlich, von einer Redaktion gefragt zu werden, ob wir über Liebe und Sexualität sprechen möchten und Geschichten schreiben wollen. Es hat begonnen, Spaß zu machen, und die Vorstellung, durch unsere eigenen Erlebnisse vielleicht anderen Menschen in unserem Alter helfen zu können, hat uns stark fasziniert. Ich persönlich habe gemerkt: Es ist auch für uns als Autoren gut, über unsere Gefühle zu schreiben. Und ihr werdet an den Geschichten und Reportagen in diesem Buch sehen, dass es auch den elf Botschafterinnen aus ALL ABOUT EVE etwas gebracht hat. Geschichten voller Gefühl, nah und ehrlich. Ich glaube nicht, dass irgendeiner von uns vorher jemals so schonungslos über seine Gefühlswelt gesprochen hat. Lies über den ersten Flirt (Paule, Seite 60), über die Tragik, wenn nur einer von zweien wirklich verliebt ist (Christin, Seite 18), über den Schmerz, wenn ein Herz zerbricht (Naima, Seite 156), und über viele weitere Geschichten, die einer Odyssee durch Gefühle und Emotionen gleichen.

blue4you – back to feelings

Oft ist der Grund für die Probleme zwischen Jungen und Mädchen die Kommunikation. Du musst sie verstehen. Aber wie soll das funktionieren, wenn ihr nicht miteinander redet?

ALL ABOUT EVE kann dir vielleicht ein wenig helfen, das Mysterium „Mädchen" zu ergründen. Einige der weiblichen Verhaltens- und Denkweisen zu verstehen und zu lernen, was du beachten kannst, wenn du mal wieder vor der Frage stehst: „Was um Himmels willen will sie dir jetzt damit sagen? Warum tut sie das? Warum hat sie nicht bei ALL ABOUT EVE mitgemacht, dann könnte ich wenigstens nachlesen, was sie damit meint!"

Der Schauspieler Tobias Licht ist prominenter Botschafter bei blue4you. Ihr findet ihn auf vielen Fotos in diesem Buch und – zusammen mit zehn weiteren Botschafter-Kollegen – in ALL ABOUT ADAM. Dort erzählt er: Alles, was Mädchen über Jungs wissen müssen.

[botschafterinnen]

Hier lernst du die elf neuen Botschafterinnen von blue4you kennen: Sie erzählen dir in ALL ABOUT EVE ihre persönliche Geschichte. Auch wenn manche gut aussehen: Sie sind keine gekauften Models. Sie kommen vom Schulhof oder vom Sportplatz. Und ihre Geschichten entstehen dann über Tagebücher und protokollierte Interviews oder als ganz eigene geschriebene Texte.

Naima

Die 21-Jährige weiß wirklich über Gefühle Bescheid. Sie sang Oli P. auf den Kopf zu: „So bist Du". Und in ihrer Solo-Single fordert sie: „Berühr meine Seele nicht." Diesen Titel trägt auch Naimas blue4you-Geschichte, in der sie hart mit ihrem Ex ins Gericht geht. Du lernst in ihrer Story eine ganze Menge über Mädchen. Und über die zarte Seele einer verletzen Frau. Seite 156.

Collien

... steht seit Monaten ständig für ihre Band „Suco e Sol" vor den Kameras der größten Fernsehsender und den Mikrofonen aller Radiostationen. Sie hat ständig Termine und eigentlich gar keine Zeit. Trotzdem hat sie Lust gehabt, für uns über ihr „erstes Mal" zu schreiben. „Ich traf ihn beim einem Dreh für einen Werbespot. Er war ekelhaft sexy!" Was passierte? Lest es ab Seite 86.

Sandra

... ist unser Nesthäkchen. Mit ihren 16 Jahren hat sie aber schon sehr konkrete Vorstellungen von ihrer Zukunft. „Nach der Schule möchte ich versuchen, Schauspielerin oder Moderatorin zu werden. Ich kann mich locker bewegen und auch gut vor Publikum sprechen.“ Wir drücken ihr die Daumen und geben Sarah ihren ersten Auftritt im Buch mit ihrer Geschichte „Mein erstes Date“. Seite 42.

Ina Paule

Deutschland ist auf sie aufmerksam geworden, als Traumfotos von ihr im „Max“ erschienen, danach drehte sie kurz bei „GZSZ“, und spielt heute in Serien und Spielfilmen. Seit kurzem arbeitet sie als Sängerin an ihrem ersten Soloalbum! Wir fotografierten Ina Paule Klink zusammen mit „Verbotene Liebe“-Star Luke Wilkins (Seite 166) und erfuhren von ihr, wie sie sich „Das erste Mal verknallt“ hat. Seite 60.

Grit

... wurde von blue4you zufällig für den Modelguide LOOK AT ME entdeckt. Da war sie 16 und inzwischen modelt sie erfolgreich bei der Agentur Modelwerk. Doch bei ALL ABOUT EVE geht's nicht um ihr Äußeres, sondern um ihre innersten Gefühle. Um ihre Wut und ihren Schmerz, als ihr erster Freund Lukas sie mit ihrer besten Freundin betrog. Grits Story auf Seite 116.

Christin

... haben wir auf einem Hip-Hop-Konzert getroffen. Eigentlich passte sie dort gar nicht hin, dachten wir. Bis sie uns von sich erzählt hat. Wir lernten ein Mädchen kennen, das 1. 000 Interessen hat. Aber auch sehr nachdenklich sein kann. Mit 18 hat sie schon eine Menge erlebt: Modeln, Moderieren, Singen. Als ihr bester Freund sich in sie verliebt, zerbricht eine Freundschaft. Seite 18.

Adriana

... ist gerade 17, hat aber schon ihren ganz eigenen Kopf. Und ganz eigene Vorstellungen von ihrem Leben. Wir fanden sie sofort symphatisch, wie sie uns fast entschuldigend erzählte, dass sie nicht immer für ihren Freund da sein kann. „Ich gehe meinen eigenen Weg. Dazu gehören auch Freunde. Meine beste Freundin zum Beispiel ist mir sehr wichtig." Die Komplikationen: ab Seite 106.

Rike

... ist 21 Jahre und spielt die älteste Tochter, Gesa, in der sehr erfolgreichen ARD-Serie „Aus gutem Haus". Privat ist Rike Schmid ein sehr kommunikativer Mensch. Auch Flirten ist für sie eine Form von Kommunikation. „Es bedeutet: einem anderen ein Kompliment machen". Was genau passiert, wenn Rike mit Blicken spielt, erfährst du in ihrer Geschichte „Mein erster Flirt" ab Seite 28.

Amela

... hat ihre Modelkarriere abgebrochen und hat auch schon in Paris gelebt. Dennoch hat ihr der Job als Model nie richtig gefallen. Heute ist sie 18 und macht ihre Schule zu Ende. Noch heute erinnert sie sich ab und zu an das süße Lächeln ihres ersten Freundes. Wie die beiden damals zueinander gefunden haben, war ein Drama. Mehr darüber ab Seite 66.

Kati

... hatte monatelang um ihren Freund gekämpft. Doch wie es manchmal eben ist: Die 19-jährige Schülerin merkte damals schnell, dass vieles nur Projektion ist. Ein Traumbild von einem Jungen, einer Beziehung. Sie tat schon wenig später etwas, das sie von sich selber nie erwartet hätte: Sie beendete die ganze Beziehung einfach von heute auf morgen. Mehr erfahrt ihr ab Seite 124.

Imke

... ist 22 und studiert Kulturwissenschaften. Sie war begeistert von dem Gedanken, über Liebe, Gefühle und Beziehungsprobleme zu schreiben. Imkes großer Traum ist, später als Journalistin zu arbeiten. Wir haben bemerkt: Sie hat viel Talent und wir arbeiten schon an neuen Projekten mit ihr. Hier heißt ihre Geschichte „Es ist vorbei". Auf Seite 148.

[herz

klopfen]

sie kam schon wieder zu spät zur Schule. Wieder gab es einen Eintrag ins Klassenbuch, wieder eine Strafarbeit und wieder einen Hinweis auf ihr komplettes Versagen in Mathe. Es interessierte sie nicht. Kein bisschen. Er hatte sie heute Morgen wieder angelächelt. Und das war schließlich wichtiger als alles andere.

Maren verdrehte die Augen, als sie sich neben sie setzte. Seit sie denken konnte, saß sie in der Schule neben Maren. Ihre Eltern waren Nachbarn und die beiden Mädchen mehr Schwestern als Freundinnen. Maren hatte sie in den Arm gebissen, als sie aus Versehen ihre Sandburg kaputtgemacht hatte (obwohl sie eigentlich nur einen zusätzlichen Tunnel graben wollte und die blöde Burg das nicht ausgehalten hatte), aber das war über zehn Jahre her und längst verziehen. Heute biss Maren nicht mehr. Heute sagte sie ihr nur ständig, dass sie verrückt sei, immer zu spät zur Schule zu kommen und sich den ganzen Stress einzuhandeln. Und das für nichts weiter als ein Hirngespinst.

Das Hirngespinst war ein Junge mit riesengroßen dunklen Augen und Wimpern, für die man ihn hätte umbringen müssen. Das Hirngespinst war zwei Jahre älter als sie und hieß Björn. Das Hirngespinst fuhr jeden Morgen mit dem Bus Nummer 18 zur Schule. Die fing offensichtlich zehn Minuten später an als ihre. Und deswegen kam sie seit Monaten zu spät zum Unterricht. Was hätte sie sonst tun sollen? Ihn nicht sehen?

Vor drei Monaten hatte sie den Wecker überhört, verschlafen und den späteren Bus genommen. Da hatte sie Björn zum ersten Mal entdeckt. Ihre Blicke hatten sich gekreuzt und – als wären da Haken an ihren Augen gewesen – nicht mehr losgelassen. Die ganze Fahrt nicht. Ihr war zweimal die Schultasche aus der Hand gefallen, und als sie aussteigen musste, hatte sie sich gleich auf die Fresse gepackt, Strumpfhose kaputt, Knie aufgeschlagen, wie ein ganz kleines Mädchen. Als sie sich mit feuerrotem Gesicht noch einmal nach ihm umsah, lächelte er. Und wie er lächelte.

Seit diesem Morgen war sie nicht mehr ansprechbar. Ihre Eltern machten sich Sorgen um sie. An einem Familienwochenende fragten sie vorsichtig nach, ob es da irgendwelche Probleme gebe, von denen sie nichts wüssten. Drogen, Schwierigkeiten in der Schule oder womöglich eine ungewollte Schwangerschaft. Sie bekam einen hysterischen Lachanfall und versicherte ihren irritierten Eltern, dass alles in Ordnung sei. Sie konnte ihnen doch nicht erzählen, was sie gefühlt hatte, als sie in Björns Augen versunken war: „Das ist er, das ist er, auf ihn hab ich die ganze Zeit gewartet, für ihn bin ich auf der Welt, und alles wird anders sein mit ihm."

Alles wird anders sein. Ihr fielen die paar Abende ein, an denen sie gedacht hatte, sie sei in jemanden verliebt. An denen sie Blicke geworfen hatte über Tanzflächen, flirtende Gespräche geführt hatte, in denen sie nichts von sich erzählte hatte, und dann rumgeknutscht hatte, stundenlang. Manchmal hatte man sich noch mal wieder getroffen, aber sie wusste nicht, was man außer Knutschen mit diesen Jungs anfangen sollte. Sie langweilten sie meist fürchterlich, wenn sie anfingen, von sich und ihren Heldentaten zu berichten. Da war sie dann doch lieber zum Reiten gefahren.

Nur mit Martin war sie einen Monat zusammen gewesen. Er hatte sich unter ihren Pullover vorgearbeitet und wollte am liebsten gleich mit ihr schlafen. Aber es hatte sich nicht richtig angefühlt. Das erste Mal war ihr zu wichtig, als dass sie es mit jemandem erleben wollte, der ihr nicht wirklich etwas bedeutete.

Und der, mit dem sie einfach alles erleben wollte, lächelte ihr seit drei Monaten im Bus zu. Drei Monate, die sie mit Detektiv-Arbeit verbrachte, um herauszubekommen, wer der Junge mit diesen unglaublichen Augen war. Die Spur führte schließlich zu Anne. Anne war ein Mädchen aus dem Reitstall. Ein sehr schönes Mädchen. Ein zum Kotzen schönes Mädchen. Zwei Jahre älter als sie. Was sie auch immer raushängen ließ. Aber sie ging mit Björn auf die gleiche Schule. Alles, was sie über ihn wusste, wusste sie von Anne. Die fand den Busflirt, von dem sie ihr natürlich berichten musste, „total niedlich". Was für eine dämliche Kuh.

Bei allem Augenverdrehen hatte Maren wirklich Recht. Es konnte nicht ewig so weitergehen. Nicht wegen der Schule, das war ihr im Moment völlig egal, sondern weil es ihr nicht mehr reichte, Björn nur in die Augen zu sehen. Sie wollte seine Stimme hören. Wie er ihren Namen sagte. Mit ihm würde sie sich niemals langweilen.

Neulich hatte sie ihn beim Ausreiten getroffen, er wohnte irgendwo in der Nähe vom Stall, und seit sie das wusste, ritt sie täglich allein dort aus und suchte nach ihm. Er war ihr auf seiner Vespa entgegengekommen und hatte sie so angesehen, dass es gar keine Worte dafür gab. Er war langsamer gefahren und fast hätte sie ihr Pferd angehalten. Aber eben nur fast. Was sollte man schließlich sagen nach so einem Blick? Sollte sie über Schule reden, über Hobbys, über die Musik, die er hörte? Das war ja wohl ein Witz.

Eines stand jedenfalls fest: Wenn sie nicht endlich handelte, würde sie noch wahnsinnig werden. Es musste was passieren. Und zwar noch heute. Maren sollte stolz auf sie sein.

Beim Ausreiten traf sie ihn nicht. Aber sie trug einen Zettel in der Tasche, den sie sehr sorgfältig vorbereitet hatte. Er duftete nach ihrem Parfum. „Es ist Unsinn, sagt die Vernunft", stand da drauf, und das war eine Zeile aus ihrem Lieblingsgedicht von Erich Fried. Und wenn Björn das nicht kannte, hätte sie sich getäuscht. Und das konnte gar nicht sein. Er würde es kennen. Sie war ganz sicher.

Zurück im Stall fragte sie Anne, wo Björn genau wohnte. Anne lachte, dass ihre makellosen Zähne nur so funkelten, und fand sie „echt total süß". Aber sie sagte es ihr. Als es dunkel geworden war, schlich sie zu seinem Haus. Da war Licht im Fenster. Björn saß am Schreibtisch. Sie konnte nicht weiter. „Ich kann das nicht", hämmerte es in ihrem Kopf. „Du musst", tönte es von woanders, „er ist es, das weißt du. Und deshalb musst du jetzt mutig sein." Okay. Sie drückte sich die dunkle Auffahrt entlang. Da stand die Vespa. Sie hängte den Zettel dran. Und rannte weg. So schnell sie konnte.

▶ S. 54

„FALSCHE SIGNALE“ ICH, CHRISTIN, 18

_Ich stelle mir vor, eine Liebe zu verlieren, kann sehr wehtun. Aber einen besten Freund zu verlieren, das ist viel schlimmer, finde ich. Freundschaft sollte für immer halten.

Es war auch so schon ein total mieser Abend, draußen hat es geschüttet wie blöd. Jonas hatte am Telefon schon so Andeutungen gemacht, bevor er mich zu Hause besucht hat. Wir haben auf meinem Bett gesessen, wie so oft. Und dann ...

Er schien so verletzlich. Es war schrecklich für mich.

Meine Freundschaft zu Jonas war tief und ehrlich. Kennen gelernt habe ich ihn, als er mit ein paar Typen aus seiner Band auf dem Schulhof rumstand. Ich merkte, sie wussten nicht, ob sie jetzt cool aussehen oder albern. Das fand ich richtig süß. Wir hatten Pause, ich wollte in den Park. Da habe ich einfach gesagt, kommt doch mit! Es wurde sehr lustig und die Jungs wollten abends zur Ostsee. Ich bin einfach mitgefahren. Spontan. Die waren auch alle zwei Jahre älter.

Jonas hat mich zuerst für eine Tussi gehalten. „Die kämmt sich sicher dauernd die Haare“, hat er gesagt. Aber es hat ihm wohl imponiert, dass ich dann am Strand geschlafen habe, ohne Dusche. Ich habe sogar allein ein Lagerfeuer zustande gebracht. Jonas ist ein so toller Mensch. Er hat so tolle Gedanken. Er hat mich mal gefragt, wie ich mir meine Seele vorstelle. Das fand ich faszinierend. Er wusste alles über mich. Wenn er traurig war, habe ich ihn in die Arme genommen. Ich habe mir auch nie darüber Gedanken gemacht, mich vor ihm umzuziehen. Ich fühlte mich geborgen. Ob ich je daran gedacht habe, ihn zu küssen, ihn zu streicheln? Nein. Niemals. Heute weiß ich, dass ich einfach zu offen war. Jungen denken da vielleicht anders. Das waren Signale, die er missverstanden hat. Vielleicht sogar missverstehen musste. Ich glaube, ich hätte gar nicht so überrascht sein müssen, als er es mir gestand ...

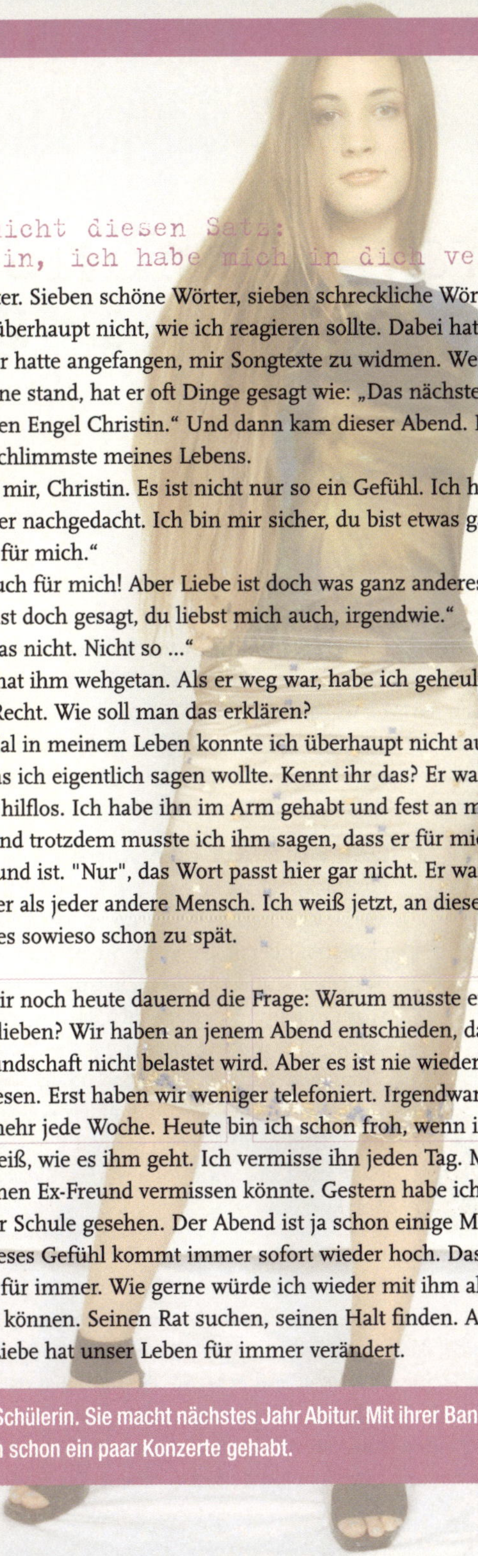

Bitte nicht diesen Satz: „Christin, ich habe mich in dich verliebt."

Sieben Wörter. Sieben schöne Wörter, sieben schreckliche Wörter. Ich wusste überhaupt nicht, wie ich reagieren sollte. Dabei hatte ich es geahnt. Er hatte angefangen, mir Songtexte zu widmen. Wenn er auf der Bühne stand, hat er oft Dinge gesagt wie: „Das nächste Lied ist für meinen Engel Christin." Und dann kam dieser Abend. Es wurde der schlimmste meines Lebens.

„Bitte glaub mir, Christin. Es ist nicht nur so ein Gefühl. Ich habe lange darüber nachgedacht. Ich bin mir sicher, du bist etwas ganz Besonderes für mich."

„Du doch auch für mich! Aber Liebe ist doch was ganz anderes."

„Aber du hast doch gesagt, du liebst mich auch, irgendwie."

„Ich kann das nicht. Nicht so ..."

Jedes Wort hat ihm wehgetan. Als er weg war, habe ich geheult. Er hatte ja Recht. Wie soll man das erklären?

Das erste Mal in meinem Leben konnte ich überhaupt nicht ausdrücken, was ich eigentlich sagen wollte. Kennt ihr das? Er war so traurig und hilflos. Ich habe ihn im Arm gehabt und fest an mich gedrückt. Und trotzdem musste ich ihm sagen, dass er für mich nur ein Freund ist. "Nur", das Wort passt hier gar nicht. Er war so viel wichtiger als jeder andere Mensch. Ich weiß jetzt, an diesem Abend war es sowieso schon zu spät.

Ich stelle mir noch heute dauernd die Frage: Warum musste er sich in mich verlieben? Wir haben an jenem Abend entschieden, dass unsere Freundschaft nicht belastet wird. Aber es ist nie wieder wie vorher gewesen. Erst haben wir weniger telefoniert. Irgendwann nicht mal mehr jede Woche. Heute bin ich schon froh, wenn ich ungefähr weiß, wie es ihm geht. Ich vermisse ihn jeden Tag. Mehr, als ich je einen Ex-Freund vermissen könnte. Gestern habe ich Jonas an der Schule gesehen. Der Abend ist ja schon einige Monate her, aber dieses Gefühl kommt immer sofort wieder hoch. Das bleibt wohl für immer. Wie gerne würde ich wieder mit ihm alles besprechen können. Seinen Rat suchen, seinen Halt finden. Aber es ist vorbei! Liebe hat unser Leben für immer verändert.

Christin ist Schülerin. Sie macht nächstes Jahr Abitur. Mit ihrer Band hat sie als Sängerin schon ein paar Konzerte gehabt.

INFO

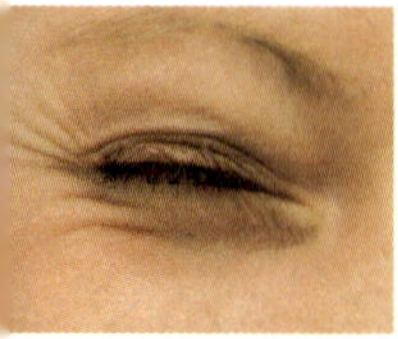

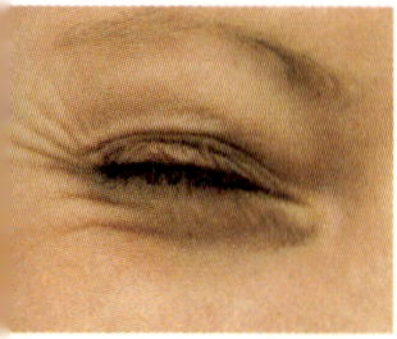

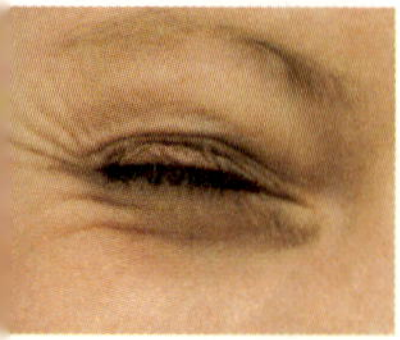

[das schönste spiel der welt

_Plötzlich steht sie vor dir. Dein Herz schlägt schneller und in deinem Bauch beginnt es zu kribbeln. Du lächelst sie an, überlegst, was du jetzt sagen könntest – und hoffst, dass es ihr genauso geht ...

Ihre Wege kreuzten sich im Stadtpark – im wahrsten Sinn des Wortes. Er war mit den Inline-Skates unterwegs, sie mit dem Fahrrad. An einer Weggabelung stießen sie fast zusammen – und vergaßen die Welt um sich herum. Sie setzten sich ins Gras, lachten, erzählten sich alle möglichen Dinge – und kosteten jede Sekunde dieses wunderbaren Flirts aus, bei dem jeder Blick, jede Geste, jede Berührung eine eigene Bedeutung hatte ...

Imke flirtet gerne: Schau her, Junge!

Das Spiel mit den Augen

Ein Blickwechsel im Bus, ein Smalltalk im Supermarkt, eine leichte Berührung in der Disco ... Flirts passieren überall, jederzeit. Sie haben tausend Gesichter – und eine Gemeinsamkeit: Jeder Flirt ist Spannung pur. Denn möglich ist alles – oder nichts. Ob ihr euch nur tief in die Augen seht oder ein paar Stunden zusammen verbringt, ob ihr euch nie wieder begegnet oder dicke Freunde werdet – alles ist offen. Und natürlich gibt es auch Flirts, aus denen die große Liebe wird. Aber wer weiß das schon am Anfang?

Gut ankommen – aber wie?

Früher spielte Tim immer den Coolen. Er hatte in jeder Situation den passenden Spruch auf den Lippen, war superlässig – und wunderte sich, dass er bei den meisten Mädchen überhaupt nicht ankam. Heute weiß er, warum: „Meine Freundin hat mir klargemacht, dass Mädels nicht auf diese Art Anmache stehen. Die unterscheiden ganz klar zwischen Flirt und Anmache. Beim Flirt sind Junge und Mädchen auf derselben Ebene, die Risiken und

Chancen sind gleich verteilt. Bei der Anmache tut der Typ so, als stünde er irgendwie über dem Mädchen – und fällt dabei meistens auf die Schnauze."
Tims Freundin Anja, 19, bestätigt: „Was beim Flirten zählt, ist doch vor allem die Ausstrahlung. Wenn mir einer mit dummen Sprüchen kommt oder mich womöglich sogar angrapscht, dann ist er sofort unten durch. Wer so eine plumpe Tour fährt, der hat es vermutlich nötig."

Die Sache mit der Ausstrahlung

Tatsächlich ist die Ausstrahlung viel wichtiger als die lässigsten Klamotten oder die abgefahrensten Szene-Ausdrücke. Wer sich selbst mag und sich super fühlt, der kommt auch bei anderen gut an.
Das kann Christin, Botschafterin für ALL ABOUT EVE, nur bestätigen. Die 18-Jährige hat allerdings ein Problem damit – denn mit ihr wollen ständig die Jungs flirten, ohne dass sie es will. „Ich glaube, Jungen denken einfach anders", sagt sie. „Sie unterscheiden nicht, ob sich ein Mädchen für den Menschen oder den Mann interessiert. Das ist sehr schade. Dadurch läuft es immer auf dieses Flirten hinaus. Dadurch kann viel kaputtgehen."

Auf S. 20 findest du Christins Story

Christins Gefühle sind verständlich – aber woher sollst du wissen, wie du die Signale der Mädchen richtig interpretierst?
Christin erzählt: „Ich spüre Traurigkeit. Wenn jemand traurig ist, dann nehme ich ihn in den Arm, um ihn zu trösten. Ich finde nicht, dass das gleich bedeutet, dass ich flirten möchte." Das sieht Roland, 22, ganz anders: „Wenn sich ein Mädchen den ganzen Abend mit mir unterhält, mich vielleicht sogar berührt, dann gehe ich natürlich davon aus, dass sie mit mir flirten will." Und wenn sie doch nicht will? „Es ist ein fieses Gefühl, wenn du deinen Mut zusammennimmst, auf ein Mädchen zugehst – und sie lässt dich eiskalt abblitzen", sagt Roland.

Gefühle, die jeder kennt ...

Roland spricht etwas an, das wir alle kennen: die Angst, nicht gut anzukommen, abgelehnt zu werden.

Einen sicheren Schutz vor Zurückweisung gibt's beim Flirten leider nicht – aber immerhin ein paar Vorsichtsmaßnahmen, die du vielleicht ohnehin automatisch anwendest. Dazu gehört zum Beispiel, dass du erst per Blickkontakt und Lächeln abcheckst, wie das Mädchen zu dir steht, wie sie auf diese Signale reagiert, bevor du sie ansprichst. Grundsätzlich gilt fürs Flirten aber: No risk, no fun ... Die Entscheidung liegt bei dir!

[der erste schritt]

Wow – die Blonde da drüben ist genau dein Typ. Offenes Gesicht, zarte Haut, tolle Figur ... Du beobachtest sie – und überlegst, wie du am besten Kontakt aufnimmst: direkt ansprechen, nach ihrer Nummer fragen – oder erst mal abwarten, ob sie auf dich zukommt?

Wenn sie den ersten Schritt macht ...

Wenn sie dich anspricht, ist eines sicher: Sie ist genauso aufgeregt wie du, hat genau wie du Angst, abgelehnt zu werden, sich zu blamieren ... Mach es ihr leichter, indem du sofort reagierst, sie anlächelst, ihr dein Interesse zeigst. Und falls du nichts von ihr wissen willst: Bitte bring es ihr möglichst freundlich bei und nicht mit blöden Witzen oder verletzenden Sprüchen!

Viele Mädchen wünschen sich übrigens, dass der Junge die Sache in die Hand nimmt. Bei ihnen kannst du lange warten ... oder doch besser die Initiative ergreifen!

Wann du sie direkt ansprechen kannst:

_ Wenn du eine oder mehrere Freundinnen von ihr gut kennst.
_ Wenn ihr beide mit euren Cliquen auf Achse seid.
_ Wenn ihr beide allein unterwegs seid.
_ Wenn du ziemlich sicher bist, dass sie sich auch für dich interessiert.
_ Wenn sie dir so gut gefällt, dass du jedes Risiko eingehen würdest, um sie näher kennen zu lernen.

Wann du sie besser nicht direkt ansprichst:

_ Wenn du mit Freunden zusammen bist und sie alleine unterwegs ist.
_ Wenn sie gerade in etwas vertieft ist oder es eilig hat. Wer will schon gestört werden, wenn er gerade telefoniert oder kurz vor Ladenschluss in den Supermarkt hetzt?

Und dann?

Wenn du nicht warten willst, bis das Mädchen auf dich zugeht, hast du die Wahl: Du kannst sie direkt ansprechen. Andere Varianten, zum Beispiel das Vorschicken eines Freundes oder irgendwelche Tricks, kommen selten gut an.
Wenn du dich fürs direkte Ansprechen entscheidest, brauchst du erst einmal viel Mut. Der Vorteil dieser Methode: Du kannst dich, falls nötig, sofort wieder zurückziehen, ohne dass es allzu peinlich wird. Bei der Handy-Message ist die erste Kontaktaufnahme leichter, weil du zunächst anonym bleiben kannst. Der Nachteil: Falls das Mädchen deine Begeisterung nicht teilt, kannst du bei dieser Variante nicht einfach so tun, als hättest du dich nie für sie interessiert.

„Flirten ist Komplimente machen", sagt Botschafterin Rike auf S. 30

Bleibt noch die Frage, wie du an ihre Handynummer kommst. Für Roland überhaupt kein Problem. „Manchmal frage ich das Mädchen direkt", erklärt er. „Daraus ergibt sich oft schon ein Flirt, und die SMS hat sich erübrigt." Strategie 2: Roland bittet einen Freund, sich für ihn nach der Nummer zu erkundigen.

Imke spricht auch ohne Worte: Verstehst du sie?

Was Mädchen an Jungs gefällt

Der ideale (Flirt-)Partner ist offen, fröhlich und locker. Er hat Humor, Power und (wenn nötig) auch Biss. Absolut out sind Schlaffis, die immer versuchen, es allen recht zu machen.

[dos and don't s beim flirt]

Jeder Flirt ist anders, unverwechselbar, einmalig. Deshalb können wir dir hier keine Schritt-für-Schritt-Anleitung fürs Flirten bieten – dafür aber praxiserprobte Tipps, die dir so manchen Flop ersparen können.

_ Keine dummen Sprüche: Bitte keine Anmache im Stil von "Ich habe meine Telefonnummer verloren – kannst du mir mal deine leihen?" – so was kommt bei den wenigsten Mädchen gut an. Altbewährt und nach wie vor Erfolg versprechend sind ehrlich gemeinte Komplimente und Fragen nach dem Weg oder der Uhrzeit.

_ Find heraus, ob sie solo ist. Wenn nicht, lass den Flirt besser bleiben – sonst kann die Sache ganz schön stressig werden.

_ Bleib du selbst: Bitte nicht den Macho spielen – aber auch nicht den Softie. Kommt beides schlecht an.

_ Respektier ihre Grenzen. Auch wenn du sie am liebsten gleich berühren würdest: Bitte halt dich vor allem am Anfang zurück – sonst wirkst du leicht aufdringlich und sie hat das Gefühl, dass du nur mit ihr ins Bett willst.

_ Stell offene Fragen: Erkundige dich nach ihrer Schule oder ihrem Job, ihren Freundinnen, ihren Hobbys – nach allem, was dich interessiert. Am besten sind Fragen, die sie nicht einfach mit Ja oder Nein beantworten kann. Frag also nicht: „Magst du Britney Spears?“, sondern besser: „Welche Musik magst du?“
_ Sag ihr, was dir an ihr gefällt! Aber immer schön bei der Wahrheit bleiben ...
_ Sei mit deiner Aufmerksamkeit ganz bei ihr. Halt während des Flirts nicht ständig Ausschau nach deinen Freunden – und schon gar nicht nach anderen Mädchen!

INFO

Verbotene Flirts

Flirts müssen nicht unbedingt etwas mit Verliebtheit zu tun haben. Manche Flirts machen einfach nur Spaß – nicht mehr und nicht weniger. Es gibt allerdings auch Mädchen, mit denen du dich nicht einmal auf den harmlosesten Flirt einlassen solltest. Dazu gehören die Freundinnen deiner Freunde genauso wie die Freundin deines Bruders. Auch wenn es schwer fällt: Lass die Finger von diesen Mädchen – sonst gibt's früher oder später garantiert Ärger!

Open - End ...

Geschafft: Ihr seid ins Gespräch gekommen. Du zeigst dich von deiner besten Seite. Sagst Dinge, die du dir selbst nicht zugetraut hättest, lachst, blickst ihr tief in die Augen – und genießt das unbeschreibliche Gefühl, gut anzukommen.
Wie es weitergeht? Ist im Moment nicht wichtig. Jetzt zählt nur der Augenblick – dieser traumhafte Flirtzustand, der oft genauso überraschend endet, wie er begann ...

[bodytalk]

_Stimmungsmacher oder Langweiler, Herzensbrecher oder Lückenbüßer? Wie du auf andere wirkst, hängt stark von deiner Körpersprache ab.

Er beherrschte sich mühsam. Schluckte die Wut herunter, so gut es ging. Versuchte so zu tun, als ob es ihm nichts ausmachte. Als ob es völlig in Ordnung wäre, dass dieser Typ ihm die ganze Show stahl. Dass die hübsche Rothaarige, mit der er gerade noch geflirtet hatte, plötzlich nur noch Augen für den anderen hatte ...

Es gibt Menschen, die können rumlaufen, wie sie wollen. Können den größten Blödsinn reden, von einem Fettnäpfchen ins nächste stolpern – und kommen trotzdem überall gut an. Und es gibt Leute, die sehen immer super aus, haben jederzeit den passenden Kommentar auf den Lippen – und können trotzdem nirgendwo landen. Woran das liegt? An ihrer Ausstrahlung, an den Körpersignalen, die wir alle ununterbrochen aussenden ...

Stolperfallen

Du siehst sie in der Disco – deine absolute Traumfrau. Dein Herz klopft bis zum Hals und dich beschäftigt nur noch eine Frage: Wie kannst du ihr näher kommen? Irgendwann gibst du dir einen Ruck, steuerst einfach direkt auf sie zu ... Halt! Das ist genau die Falle, in die wir alle bestimmt schon einmal getappt sind. Wenn du nach dem Motto „Augen zu und durch“ handelst, wirkst du, als würdest du in eine Schlacht ziehen. Die Hände in den Hosentaschen vergraben, die Zähne fest aufeinander gepresst, den Blick herausfordernd auf sie gerichtet, strahlst du Aggressivität und Machismo aus – eine Mischung, die deine Traumfrau ziemlich sicher in die Flucht schlagen wird.

Es geht auch anders

Die wichtigste Regel: Nicht verkrampfen!
Fast alle negativen Körpersignale hängen mit Angst und Unsicherheit zusammen – oder mit Wut und Aggression. Gegen beides hilft es, tief in den Bauch zu atmen, möglichst locker zu bleiben

(aber bitte nicht schlapp!) und sich klar zu machen, was man eigentlich erreichen möchte.
Atme tief durch, stell dir vor, dass dir dein Vorhaben (sie kennen zu lernen) ganz sicher gelingen wird – und schon verändert sich deine ganze Körpersprache: Du gehst oder tanzt locker auf sie zu und lässt deine Hände frei schwingen. Dein Gesicht ist entspannt, du blickst ihr offen, aber nicht aufdringlich in die Augen – und lächelst charmant, wenn eure Blicke sich begegnen. So signalisierst du: „Mir geht's gut. Ich mag mich so, wie ich bin. Geht's dir auch so? Dann sollten wir uns kennen lernen ..."

Kleiner Kurs in Körpersprache

	+	–
Kopfhaltung	gerade, evtl. leicht schräg nach einer Seite geneigt: zeigt Aufgeschlossenheit	nach unten geneigtes Kinn: wirkt drohend oder trotzig; nach oben gestrecktes Kinn: wirkt arrogant
Oberkörper	locker und aufrecht: signalisiert Selbstsicherheit	Brust raus, Bauch rein: wirkt verkrampft; zusammengekauerte Haltung: signalisiert Unsicherheit
Arme und Hände	ruhige, bestimmte Gesten und lockeres Mitschwingen im Gehen: wirkt souverän	fahrige Bewegungen: signalisieren Unsicherheit; Fingernägelkauen: Nervosität und Unausgeglichenheit
Beine und Füße	parallel mit guter Bodenhaftung: zeigen Selbstsicherheit an	überkreuzte Beine: drücken Unsicherheit aus
Mimik und Gestik	lockerer Gesichtsausdruck, gelassener Blick, Lächeln: signalisieren Selbstsicherheit und Offenheit	hochgezogene Augenbrauen: wirken erschrocken; direkt fixierender Blick: wirkt aggressiv; Stirn in Falten: wirkt sorgenvoll

„MEIN ERSTER FLIRT"
ICH, RIKE, 21

Mein Lieblingsspiel
_Wir alle spielen für unser Leben gern. Ich auch. Mein Lieblingsspiel heißt Flirten. Flirten bedeutet Menschen kennen lernen – Kommunikation. Ich schaue mir gerne Menschen an und beobachte sie. Da kommt es schon mal vor, dass man jemandem länger in die Augen sieht.
Die ersten Sekunden sind entscheidend...

Dieser Kitzel, dass du nie genau weißt, was als Nächstes passiert, ist das Aufregendste daran. Flirten ist ein ganz spezielles Spiel, bei dem es nicht darauf ankommt, wer gewinnt oder verliert. Es geht um das Kribbeln und Prickeln, wenn du plötzlich ganz nervös wirst. Um das Warten auf den richtigen Moment. Es geht um die Schmetterlinge und Flugzeuge, die in deinem Bauch um die Wette fliegen. Dann kannst du dich nur schwer kontrollieren. Alles geschieht wie von selbst. Flirten gehört einfach zum Leben dazu. Es ist die erotische Würze in unserer Alltagssuppe. Allerdings meine ich mit erotisch nicht unbedingt sexuell.
Flirten bedeutet, einem anderen Menschen Aufmerksamkeit zu schenken – ohne den Hintergedanken Sex! Das „Na, wie wär's heute mit uns beiden" kannst du dir für später aufheben.

flirten bedeutet aufmerksamkeit schenken

Ich bin beim Flirten auch nicht so offensiv, eher vorsichtig. Bevor ich jemanden anspreche, beobachte ich ihn zunächst einige Zeit aus einer sicheren Entfernung. Über intensive Blicke oder ein Lächeln teste ich, ob mein Objekt der Begierde auch Interesse hat, ins Spiel einzusteigen. Ich kann mich allerdings an einen Flirt erinnern, bei dem ich die Initiative ergriffen und einen Mann angesprochen habe. Das war auf einem Straßenfest. Er ging an mir vorbei und zog mich in seinen Bann. Ich wusste sofort: Der gefällt mir!

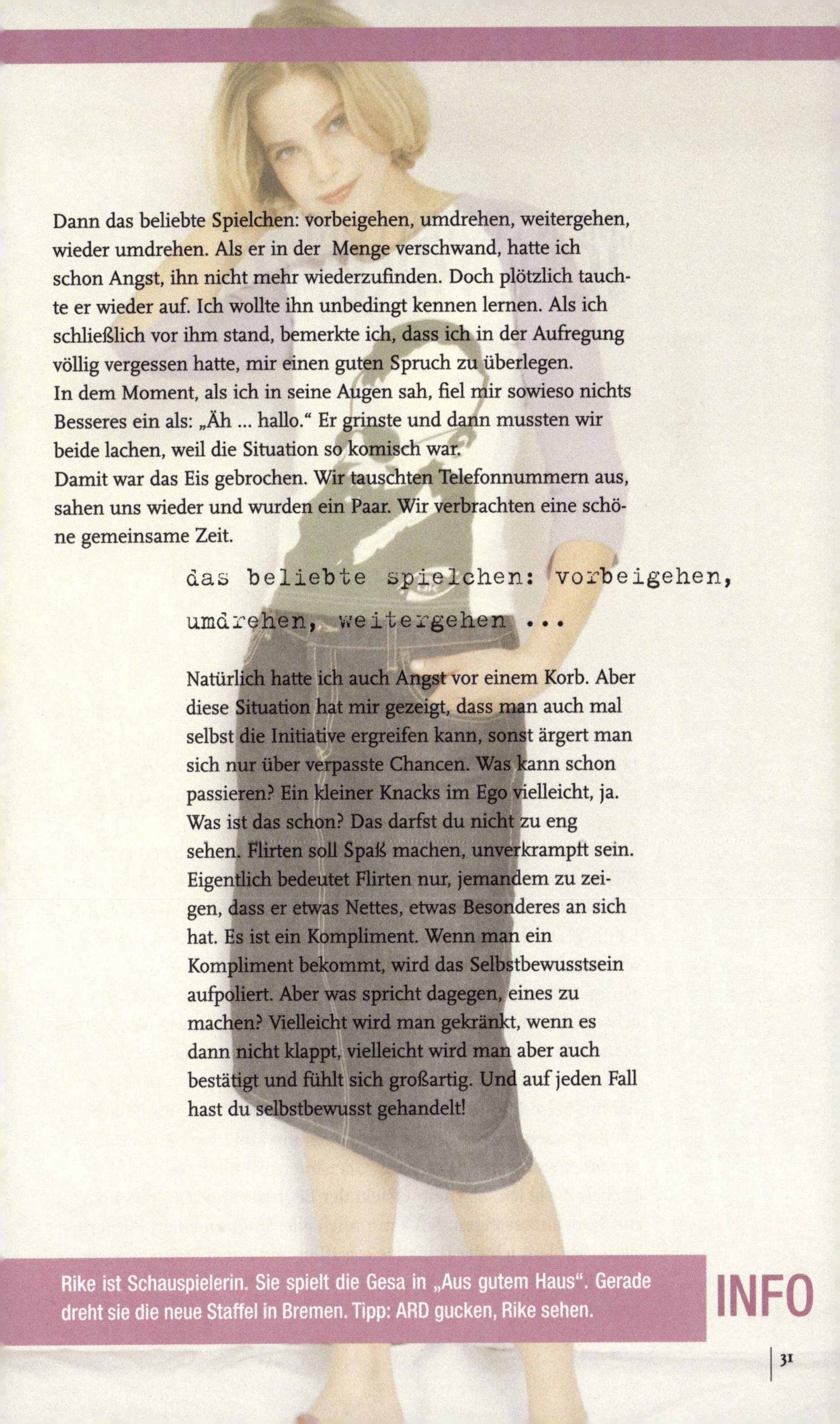

Dann das beliebte Spielchen: vorbeigehen, umdrehen, weitergehen, wieder umdrehen. Als er in der Menge verschwand, hatte ich schon Angst, ihn nicht mehr wiederzufinden. Doch plötzlich tauchte er wieder auf. Ich wollte ihn unbedingt kennen lernen. Als ich schließlich vor ihm stand, bemerkte ich, dass ich in der Aufregung völlig vergessen hatte, mir einen guten Spruch zu überlegen.
In dem Moment, als ich in seine Augen sah, fiel mir sowieso nichts Besseres ein als: „Äh ... hallo.“ Er grinste und dann mussten wir beide lachen, weil die Situation so komisch war.
Damit war das Eis gebrochen. Wir tauschten Telefonnummern aus, sahen uns wieder und wurden ein Paar. Wir verbrachten eine schöne gemeinsame Zeit.

das beliebte spielchen: vorbeigehen, umdrehen, weitergehen ...

Natürlich hatte ich auch Angst vor einem Korb. Aber diese Situation hat mir gezeigt, dass man auch mal selbst die Initiative ergreifen kann, sonst ärgert man sich nur über verpasste Chancen. Was kann schon passieren? Ein kleiner Knacks im Ego vielleicht, ja. Was ist das schon? Das darfst du nicht zu eng sehen. Flirten soll Spaß machen, unverkrampft sein. Eigentlich bedeutet Flirten nur, jemandem zu zeigen, dass er etwas Nettes, etwas Besonderes an sich hat. Es ist ein Kompliment. Wenn man ein Kompliment bekommt, wird das Selbstbewusstsein aufpoliert. Aber was spricht dagegen, eines zu machen? Vielleicht wird man gekränkt, wenn es dann nicht klappt, vielleicht wird man aber auch bestätigt und fühlt sich großartig. Und auf jeden Fall hast du selbstbewusst gehandelt!

Rike ist Schauspielerin. Sie spielt die Gesa in „Aus gutem Haus“. Gerade dreht sie die neue Staffel in Bremen. Tipp: ARD gucken, Rike sehen. **INFO**

_Kennenlernen per Internet? Völlig bescheuert oder witzige Alternative: Ein Report über die Flirtfactory zwischen Bits und Bytes.

[e-mail für dich]

das richtige Mädchen kennen zu lernen ist nicht leicht. Vor allem, wenn du ein bisschen schüchtern bist. Stell dir vor, du siehst sie auf der Straße, traust dich aber nicht, sie anzusprechen. Oder du hoffst, dass sie sich in deinem Lieblingsclub genau den Platz neben dir an der Bar sucht. Und du träumst davon, wie sie dich anlächelt. Doch leider gingen deine Träume bisher nicht in Erfüllung. Vielleicht gibt es eine bessere Chance, ihren Weg doch noch zu kreuzen. Eine, bei der du dich trauen wirst. Vielleicht versuchst du es mal mit einem Flirt im Netz? Denn im Internet tummeln sich die Sehnsüchtigen auf der Suche nach Kontakten. So wie Ole, der sein Mädchen auch noch nicht gefunden hat. Er will es endlich wissen, deshalb ist der 18-Jährige auch fast täglich über die Flirt-Line von Yahoo aktiv. Blitzschnell tippt der Abiturient zur Anmeldung Ole18, seine Identität, in den Computer. Über diese ID und sein persönliches Passwort gelangt er dann in die Welt der Chat- und Flirt-Rooms. Wenn er in den vergangenen Tagen im Netz war, traf er hier immer wieder auf ein ganz besonderes Mädchen namens Jeannie17. Mit ihren ernsten Botschaften machte sie Ole richtig neugierig.

„Wer bist du, Jeannie17?“, sendet er der Unbekannten.
„Eine Fee“, erreicht ihn prompt die verschlüsselte Botschaft.
„Eine Fee, die selbst drei Wünsche hat ...“, gibt Jeannie zu.
„Lass hören, vielleicht bin ich ja der Richtige, um sie dir zu erfüllen ...“
„Mein erster Wunsch an dich: Ich wünsch mir so, endlich jemanden zu treffen, mit dem ich wirklich reden kann.“
„What´s on your mind, babe?“
„Ich bin hier erst vor kurzem hergezogen und fühle mich manchmal so allein. Mir kommt es vor, als wäre ich die Einzige, der das so geht ...“

Oles Schüchternheit ist wie weggeblasen und er will alles über die Süße herausfinden. Im Internet fällt es ihm auf einmal gar nicht schwer, ihr sein Interesse offen zu zeigen. Und es scheint, als hätte Jeannie auf Oles Signal nur gewartet. Sie reden über Einsamkeit und Sehnsucht und diskutieren online über den Sinn des Lebens. Dabei kommen sie sich trotz der räumlichen Distanz ganz schön nahe und irgendwann entwickelt sich ein wunderbarer Flirt. Ole und Jeannie verstehen sich so gut, dass der Wunsch, den anderen zu treffen, immer stärker wird. Bevor sie ihren Internet-Kontakt nach unzähligen Chat-Minuten diesmal abbrechen, machen sie ihr erstes echtes Date noch ganz schnell klar.

Wer im Internet chattet, kann angenehm überrascht werden. Du hast dort die Möglichkeit, dich im anonymen Raum zu unterhalten. Triffst dabei auf Leute, die mit dir in Echtzeit, also in genau diesem Augenblick, reden. Mit ihnen kannst du plaudern, lästern und „online lachen.“ Vor allem aber kannst du flirten, ohne rot zu werden. Denn da ist ja keiner, der dich direkt ansieht und verlegen macht. Du wirst ganz schnell merken, ob sich jemand ernsthaft für dich interessiert oder ob er nur ein Spiel sucht. Um herauszufinden, was sich wirklich aus deinem Flirt entwickeln kann, musst du dich – vorsichtig – auf den anderen einlassen. Über eure Mails könnt ihr euch wunderbar kennen lernen und beim ersten Treffen wisst ihr schon eine Menge übereinander. So wie Ole und Jeannie, die nun endlich live erleben wollen, mit wem sie es im Internet die ganze Zeit zu tun hatten. Die beiden treffen sich morgen.

„Auf Wiedersehen“, schreibt Ole.
„Bis dann“, antwortet Jeannie, **„wir sehen uns in der Wirklichkeit.“**

Als sie den Blick vom Monitor wendet, ist die Aufregung schon da. Jeannie spürt ein sanftes Pochen in der Herzgegend, das bestimmt noch stärker wird, wenn Ole endlich vor ihr steht. Und seltsam, irgendwie fühlt sie sich schon längst nicht mehr so allein.
Auch Greg war einsam, aber er fragte sich auch, was ihm ein Chat wirklich bringen solle.
„Es fiel mir richtig schwer, mir vorzustellen, was da abgehen kann, wenn ich mit einem Mädchen online flirte“, erzählt der 20-Jährige.
„Was dann kam, übertraf alle Erwartungen“, erinnert sich der Fotograf.
Lucy war im Chat, weil ihre große Liebe gerade zerbrochen war. Sie suchte einfach jemanden, der sie trösten konnte.

internet

INFO

Was ist ein Chat?
In einem Chat-Room trifft man sich, um sich durch getippte Nachrichten zu unterhalten. Es gibt Chat-Rooms wie die Flirt-Line, aber auch Chat-Foren, wo du über unterschiedliche Themen wie zum Beispiel „Weltanschauung“, „Mode“ usw. diskutieren kannst. Was auch immer du suchst, für fast alles findet sich im Internet ein Kontakt.

Zwischen Greg und Lucy entwickelt sich eine tiefe Freundschaft, bevor daraus mehr wird. Als sie sich dann treffen, haben sie das Gefühl, sich schon zu kennen. Und woher das kommt, wissen alle Chat-Profis: Der Chat ermöglicht dir, von dir zu erzählen und einen Teil deiner Persönlichkeit preiszugeben. Doch du empfindest nicht die Ängste, die man manchmal spürt, wenn einem dabei jemand gegenübersteht. Deshalb kannst du in deinen Mails viel offener sein. Erst beim Verlassen des virtuellen Raums lässt du dich auf die Spielregeln des wirklichen Lebens ein. Und dazu gehört auch, sich mal unsicher zu fühlen. Sich nicht zu trauen, etwas zu erzählen.

Dafür hast du den anderen dann hautnah bei dir. Du kannst mit ihm lachen und weinen, dich streiten und wieder versöhnen. Und vielleicht hast du so viel Glück wie Ole und Jeannie und verliebst dich in deine Chat-Bekanntschaft. Denn schon nach ihrer ersten Verabredung steht für Ole fest, diese oder keine soll es sein. Von dem Moment an sind die beiden Flirt-Fans unzertrennlich und Jeannies Einsamkeit ist Vergangenheit. Wenn du dich in deinen Flirt-Partner verknallst, erlebst du die Liebe pur, und die gibt es zum Glück nicht als Kurz-Nachricht, sondern eben immer nur als ganze Geschichte.

INFO

Wie läuft ein Chat ab?

Nach der Anmeldung loggst du dich mit deinem Identitäts-Namen – dem so genannten Alias oder Pseudonym – und dem Passwort ein. Schon bist du im Chat-Room.

In Realtime, der so genannten Echtzeit, – also in genau diesem Augenblick – „sprichst" bzw. chattest du jetzt mit den anderen Usern. Tipp einfach deine Sätze ein, geh auf „senden" und schon liest dein Flirt-Partner, was du ihm zu sagen hast. Wenn deine Worte nur für eine ganz bestimmte Person bestimmt sind, chatte im One-to-one-Chat oder tauscht lieber eure E-Mail-Adressen, dann bleibt ihr unter vier Augen! Weil sich im Flirt-Room zum Teil unzählige Teilnehmer befinden, musst du sonst deine/n Partner/in mit den anderen Chattern teilen.

trau dich!

Möchtest du, frecher Kater, diese süße Maus zu deiner dir angetrauten Ehefrau nehmen? Willst du sie ehren, in guten und in schlechten Zeiten? Wie bitte? Ein Kater nimmt eine kleine Maus zur Frau? Jetzt denkst du bestimmt, hier steigt gerade die Hochzeit der Tiere. Aber damit liegst du ganz falsch. Die Mieze und ihr Mäuschen sind verliebte Internet-User, die sich vor dem virtuellen Altar das Ja-Wort geben. Und die zwei kennen sich schon lange – allerdings nicht persönlich, nein, nur über den Flirt-Chat von AOL.

Die Computerfans mit den tierischen Identitäts-Namen trafen sich dort zum ersten Mal und aus ihrem Online-Flirt wurde schnell mehr: „Deshalb wollen wir endlich heiraten“, verrät der freche Kater, der im richtigen Leben Samuel heißt, 21 Jahre alt ist und gerade sein Studium als Grafiker beginnt. AOL macht seinen Traum möglich: Auf der „Traut Euch“-Seite (Kennwort: Hochzeit) können Brautpaare den Bund fürs Leben im Internet schließen. „Alle sollen sehen, dass wir uns gefunden haben“, schwärmt Samuel verliebt. Seine Maus, die Abiturientin Susanne, ist schon wahnsinnig aufgeregt, schließlich ist heute ihr großer Tag:

„@>--- >---- ich liebe dich“, mailt die 19-Jährige ihrem Bräutigam noch Minuten vor der Trauung. Wie bei einer echten Hochzeit hat das Paar das Aufgebot bestellt: Ihre Trauzeugen, die Hochzeitsgäste und der Cyber-Pfarrer haben sich pünktlich im Trauzimmer 2 von AOL eingeloggt, um bei der Feier dabei zu sein. „Ich freue mich, zwei Herzen zusammenführen zu dürfen“, eröffnet fsctTweety*, der Pfarrer alias Jan Steffen, die Zeremonie in der Internet-Kapelle.

* (fsct steht für Forum-Scout: das ist der Scout, der ein Forum leitet.)

Der 21-jährige Azubi ist ehrenamtlicher Online-Pfarrer bei AOL und er liebt seinen ausgefallenen Job. Etwa zwanzig Minuten dauert die ungewöhnliche Feierlichkeit: Die Freunde des Brautpaares jubeln und senden kleine Freudenzeichen, J J J J J, als Katz und Maus bekennen: „Ja, ich will." – „Dann darfst du, freche Katze, deine Braut jetzt küssen", erlaubt Pfarrer Tweety. Und die Frischvermählten tauschen heiße Küsse über „senden":* :* :* :* :* :*
:* :* :* :* :* :* :*
Wir von blue4you wünschen dem Brautpaar alles, alles Gute!

Träumst du auch von einer Online-Hochzeit? Dann verraten wir dir, wie es funktioniert:

INFO

Bist du Mitglied bei AOL?

Dann gelangst du über die so genannte Community, den Chat-Bereich, in verschiedene Themenbereiche. Einer davon heißt "Traut euch!" Auf dieser Seite loggst du dich mit deiner/m Braut/Bräutigam, die du im Flirt-Chat erobert hast, ein. Schon bist du für die Online-Hochzeit angemeldet. Der Termin der Trauung erscheint dann für alle User gut sichtbar auf einem Pin-Board. Ein Pfarrer, der Scout, führt schließlich die Hochzeit durch: Zehn Scouts sind zurzeit im Team von AOL damit beschäftigt, die hochzeitsfreudigen Paare zu vermählen. Und auch wenn die Online-Hochzeit nicht offiziell anerkannt ist, schön ist sie doch, oder?

[was denkt sie?]

_Michael ist mein bester Freund. Das ist nun schon seit einer Ewigkeit so. Aber ist da nicht plötzlich noch viel mehr ... ?

Petra, 20

Ein Flirt im Internet ist eine aufregende Sache. Dabei macht die Distanz zwischen den Flirt-Partnern das Chatten erst so richtig spannend. Aber wie sieht es eigentlich aus, wenn sich dein Schwarm in unmittelbarer Nähe von dir befindet? Und du ihr jeden Tag begegnest, denn sie gehört zu deiner Clique? Wem das schon mal passiert ist, der weiß: In eine gute Freundin verliebt zu sein, ist der totale Nervenkitzel. Ihr unternehmt alles miteinander, doch bisher wart ihr eben nur gute Freunde, eben Mädchen und Junge, die zusammenhalten. Doch du spürst, sie bedeutet dir viel mehr ...

clique

Wie sieht es in ihr aus?

Auch für Petra hat sich in der letzten Zeit etwas verändert. Du merkst es daran, wie sie dich anschaut – aber nur, wenn sie sich unbeobachtet glaubt. Du merkst, wie sie sich zwingt, so zu tun, als wärst du nur ein guter Freund für sie. Ob sie wohl auch dieses unbeschreibliche Gefühl spürt? Dieses Kribbeln im Magen, das Glücksgefühl, das durch den Körper jagt? Kann eigentlich nicht sein, denkst du, denn sie verhält sich dir gegenüber sehr seltsam.
Sie gibt sich dir gegenüber so unauffällig wie möglich.
Dann wieder ist sie richtig zickig.
Das hat vielleicht alles einen ganz einfachen Grund: „Es sollte keiner was merken", gestand uns Petra. „Ich hatte eine solche Angst, dass die Clique zerbricht, wenn wir zusammen sind. Aber da war es schon zu spät, denn ich habe mich total in Michael verliebt."

Manchmal verstehst du sie nicht?

Und du dachtest, sie will nichts von dir! Dabei hat sie sich bloß gegen ihre Gefühle gewehrt, weil sie nichts falsch machen wollte. Dass sie sich wegen eurer Freunde so viele Gedanken macht, zeigt dir, wie wichtig der starke Rückhalt der Gruppe ist. Sie ist wie eine kleine Familie, die ihr euch selbst ausgesucht habt. Und das Zusammensein in der Clique wird sich für alle verändern, wenn zwei ein Paar sind. Petras Freundinnen zum Beispiel hatten ganz schön Probleme damit, als das mit ihr und Michael anfing: „Wir wussten erst mal gar nicht, wie das nun weitergehen sollte mit uns allen", erzählt uns Martina, Petras beste Freundin. Denn die beiden sind bis über beide Ohren verknallt und trauen sich nun endlich, das auch zu zeigen. „Sie wollten oft einfach nur alleine sein." Kannst du dir vorstellen, dass Petra ihrer Freundin gegenüber ein richtig schlechtes Gewissen bekam, als sie das hörte?

Die neue Situation ist nicht immer leicht
„Ich war hin und her gerissen", erinnert sich Petra. „Wir wollten allesamt wie fast jedes Wochenende an die Ostsee zum Surfen. Und unsere Freunde haben uns gedrängt mitzukommen. Dabei wäre ich viel lieber nur mit Michael irgendwohin gefahren. Und ihm ging es genauso."

Wenn du das kennst, heißt es hier für dich: Aufgepasst! Setz sie nicht unter Druck. Vergiss nicht, wie wichtig eure Freunde für euch beide sind! Diese Gratwanderung zwischen Liebe und Freundschaft müsst ihr gemeinsam schaffen. Doch je mehr ihr miteinander und auch mit euren Freunden darüber redet, umso leichter wird es, beides unter einen Hut zu bringen. Ein Pluspunkt für dich und eure Beziehung ist, dass ihre Freunde auch deine sind. Zusammen werdet ihr es schaffen!

Haben gut lachen: Adriana, Naima und Kati

[bist du beziehungsfähig?]

_Eine Frage, mit der du rechnen musst. Wähl spontan die am ehesten passende Antwort auf die neun Fragen, denk nicht lange nach, rechne* kurz und zähl dann deine Punkte zusammen. Auf Seite 41 erfährst du, welcher Beziehungstyp du bist. Und: woran du noch arbeiten kannst. Noch schneller findest du allerdings eine Antwort auf diese Frage, wenn du deine letzte Freundin anrufst (ist aber auch möglicherweise weniger amüsant).

* (Denk dran: Punkt- geht vor Strichrechnung!)

1 Dein bester Freund rühmt sich mit seiner Eroberung der letzten Nacht. Das findest du ...

... eher peinlich, da sind doch keine Gefühle dabei. **(27-13-10)**
... echt rattenscharf. **(8-8+8)**
... langweilig, weil ich selber nämlich zwei hatte, ne! **(2x3x2)**
... blöd, das ist so frauenverachtend. **(5+3-6)**

2 Deine Freundin ruft aus dem Urlaub an und sagt: „Ich bleibe noch drei Tage länger!“ Du ...

... wünscht ihr viel Spaß und rufst deine Ex an. **(10x10-90)**
... sagst: „Das geht nicht, ich habe eine Überraschungsparty geplant!“ **(2x8-9)**
... freust dich, dass sie sich endlich mal erholt, und buchst dir einen Flug, um sie zu überraschen. **(11+5-12)**
... rufst den Nachportier an und beauftragst ihn, ihr Zimmer im Auge zu behalten. **(47-22-24)**

3 **Du entdeckst zufällig ihr Passwort für den GMX-Account. Du ...**

... machst gar nichts. **(8x3-20)**
... guckst nach, ob sie auch alle Mails richtig abgerufen hat. **(2x7-7)**
... loggst dich ein und antwortest in ihrem Namen auf alle Mails von dir unbekannten Typen. **(29-4x7)**
... gehst in den Account und veränderst ihr Passwort. **(5+12-7)**

4 **Ihr wolltet auf diese Mega-Party, aber jetzt rufen ihre Eltern an und verdonnern sie zum Babysitten. Du sagst ihr: ...**

... „Kein Problem, auf dem Weg setze ich dich zu Hause ab!" **(5x5-18)**
... „Wenn du dich beeilst, kriegst du die Bahn noch!" **(24-12-2)**
... „Ich spreche noch mal mit deinen Eltern, ohne dich macht die Party keinen Spaß!" **(10-2x3)**
... „Dann glotzen wir eben bei euch Video!" **(9+2-10)**

5 **Nach dem Sex mit ihr ...**

... stehst du auf und fährst zu deiner Freundin. **(100-10x9)**
... gibst du ihr einen Kuss und schläfst selig ein. **(15-5-3)**
... gehst du in die Küche und zauberst ein kleines Dessert. **(1x2x2)**
... flüsterst du: „Du gehörst nur mir!" **(2x5-1)**

6 Dein Lieblingsbuch ist...

... „Soloalbum“ von Benjamin v. Stuckrad-Barre. **(44-4x11)**
... „Crazy“ von Benjamin Lebert. **(27-13-14)**
... „All About Eve“ von blue4you. **(4x9-36)**
...„mein Telefonbuch.“ **(12+14-26)**

7 Zufällig siehst du sie auf der Straße mit einem anderen Mann. Du ...

... stellst dich hinter eine Litfaßsäule und beobachtest sie. **(12-4-6)**
... ziehst deine Begleiterin ins nächstbeste Café. **(33-32+8)**
... freust dich, sie zu sehen, und winkst ihr zu. **(17+8-21)**
... gehst auf sie zu und sagst: „Guten Tag, wir sind von der BILD und machen eine Umfrage zum Thema Fremdgehen!“ **(12x2-19)**

8 Ein G-Punkt ...

... ist ein Geh-Punkt, wenn sie mich betrügt. **(12+2-7)**
... ist die Filiale der deutschen Gelekom. **(4+12-7)**
... ist schwer zu finden. **(16-2x6)**
... ist eine erogene Stelle im Bereich der Vagina. **(7+5-11)**

9 Auf welche Anzeige im Internet wirst du als Erstes antworten? ...

... „Lass mich die Himbeere auf der Torte deines Lebens sein.“ **(14-5-7)**
... „Frau sucht Zeit zu zweit ...“ **(3+6-5)**
... „Unerfahrene junge Sie sucht Mann!“ **(22-15+3)**
... „W, 18, sucht M bis 20.“ **(6x4-17)**

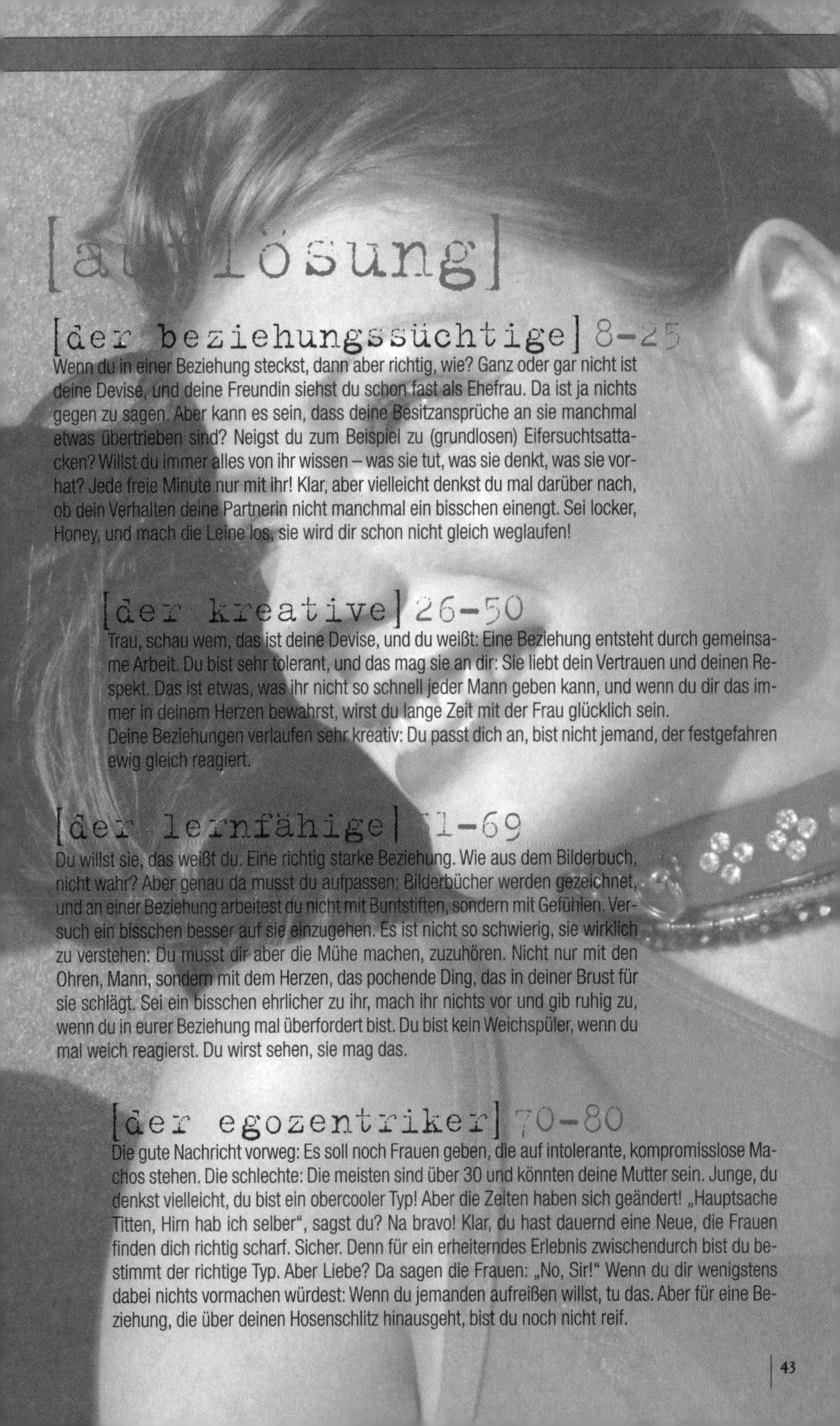

[auflösung]

[der beziehungssüchtige] 8-25

Wenn du in einer Beziehung steckst, dann aber richtig, wie? Ganz oder gar nicht ist deine Devise, und deine Freundin siehst du schon fast als Ehefrau. Da ist ja nichts gegen zu sagen. Aber kann es sein, dass deine Besitzansprüche an sie manchmal etwas übertrieben sind? Neigst du zum Beispiel zu (grundlosen) Eifersuchtsattacken? Willst du immer alles von ihr wissen – was sie tut, was sie denkt, was sie vorhat? Jede freie Minute nur mit ihr! Klar, aber vielleicht denkst du mal darüber nach, ob dein Verhalten deine Partnerin nicht manchmal ein bisschen einengt. Sei locker, Honey, und mach die Leine los, sie wird dir schon nicht gleich weglaufen!

[der kreative] 26-50

Trau, schau wem, das ist deine Devise, und du weißt: Eine Beziehung entsteht durch gemeinsame Arbeit. Du bist sehr tolerant, und das mag sie an dir: Sie liebt dein Vertrauen und deinen Respekt. Das ist etwas, was ihr nicht so schnell jeder Mann geben kann, und wenn du dir das immer in deinem Herzen bewahrst, wirst du lange Zeit mit der Frau glücklich sein.
Deine Beziehungen verlaufen sehr kreativ: Du passt dich an, bist nicht jemand, der festgefahren ewig gleich reagiert.

[der lernfähige] 51-69

Du willst sie, das weißt du. Eine richtig starke Beziehung. Wie aus dem Bilderbuch, nicht wahr? Aber genau da musst du aufpassen: Bilderbücher werden gezeichnet, und an einer Beziehung arbeitest du nicht mit Buntstiften, sondern mit Gefühlen. Versuch ein bisschen besser auf sie einzugehen. Es ist nicht so schwierig, sie wirklich zu verstehen: Du musst dir aber die Mühe machen, zuzuhören. Nicht nur mit den Ohren, Mann, sondern mit dem Herzen, das pochende Ding, das in deiner Brust für sie schlägt. Sei ein bisschen ehrlicher zu ihr, mach ihr nichts vor und gib ruhig zu, wenn du in eurer Beziehung mal überfordert bist. Du bist kein Weichspüler, wenn du mal weich reagierst. Du wirst sehen, sie mag das.

[der egozentriker] 70-80

Die gute Nachricht vorweg: Es soll noch Frauen geben, die auf intolerante, kompromisslose Machos stehen. Die schlechte: Die meisten sind über 30 und könnten deine Mutter sein. Junge, du denkst vielleicht, du bist ein obercooler Typ! Aber die Zeiten haben sich geändert! „Hauptsache Titten, Hirn hab ich selber“, sagst du? Na bravo! Klar, du hast dauernd eine Neue, die Frauen finden dich richtig scharf. Sicher. Denn für ein erheiterndes Erlebnis zwischendurch bist du bestimmt der richtige Typ. Aber Liebe? Da sagen die Frauen: „No, Sir!“ Wenn du dir wenigstens dabei nichts vormachen würdest: Wenn du jemanden aufreißen willst, tu das. Aber für eine Beziehung, die über deinen Hosenschlitz hinausgeht, bist du noch nicht reif.

„MEIN ERSTES DATE" ICH, SANDRA, 15

Erstes Date, böser Bube
_Das erste Mal haben wir uns im Stadtpark unterhalten. Ich hatte Mike schon vorher gesehen, auf Konzerten und Partys und so, aber geredet haben wir erst da.

Sein Vater kommt aus Nigeria, genauso wie meiner, und als wir nebeneinander im Gras saßen, fanden alle, wir sähen aus wie Geschwister. Und meine Freundin Mona zischte mir gleich zu, dass ich unbedingt mit Mike zusammenkommen müsste, weil unsere Kinder bestimmt wunderschön sein würden. Das fand ich auch. Ich hatte mich nämlich total verliebt. Vor allem, weil Mike so wahnsinnig gut aussah.
Meinen ersten Kuss habe ich zwar von einem weißen Jungen bekommen, aber das war mehr so eine Kinderschwärmerei und auch schnell wieder vorbei. Seitdem habe ich mich eigentlich immer nur für dunkelhäutige Jungs interessiert, komisch, aber vielleicht liegt es daran, dass ich später unbedingt „Schokokinder" haben möchte, weil ich die so süß finde. Einen Jungen, der Hakim heißen wird, und ein Mädchen, Chantal. Wir würden alle zusammen in einer riesengroßen Altbauwohnung leben und ganz viel miteinander lachen, mein schwarzer Mann, die Kinder und ich. Im Stadtpark habe ich mich dann auch mit Mike für das brasilianische Straßenfest am Wochenende verabredet. Ich war tierisch aufgeregt, den Abend vorher saß ich stundenlang vor meinem Kleiderschrank, um zu überlegen, was ich anziehen sollte. Einerseits wollte ich natürlich cool aussehen, andererseits sollte Mike sich auf keinen Fall einbilden, dass ich mich für ihn schön machen würde. Ich entschied mich schließlich für Jeans und ein Schlangenoberteil, dazu meine Schlangenschuhe und den Jeansmantel, ohne den ich nie aus dem Haus gehe. Make-up benutze ich nicht, ich schminke mir immer nur die Augen, und meine Haare habe ich dann hochgestek-

kt, auch so wie immer eigentlich. Mein Stil lässt sich vielleicht am besten als Lauryn-Hill-Style beschreiben, cool und trotzdem mädchenhaft.

Jedenfalls haben wir uns dann auf dem Straßenfest getroffen, und am Anfang war es auch total schön, obwohl Mike nicht gerade so wirkte, als sei er besonders verliebt in mich. Aber komischerweise mag ich das, wenn Jungs mir die kalte Schulter zeigen. Nichts ist schlimmer als ein Typ, der einen fünfmal am Tag anruft und dauernd gemeinsam was unternehmen möchte. Mich langweilt das immer sofort. Na ja, auf jeden Fall sagte Mike auf einmal, ich sollte zu dem Mädchen am Fischstand gehen und mit ihr reden.
Auch wenn ich nicht wusste, warum, bin ich zu ihr gegangen und habe mich mit ihr unterhalten. Und plötzlich sehe ich, wie Mike sich von hinten in den Stand schleicht und das Handy von dem Mädchen klaut. Ich war so erschrocken, ich wusste gar nicht, was ich machen sollte, und habe nur blöd gestottert, dass sie total hübsch sei. Dann bin ich zurück zu Mike und habe ihn angeschrien, was denn das für ein Scheiß sei, aber er hat nur gelacht. Und da sah ich auch schon das Mädchen, das ganz schlimm weinte, zusammen mit einem sehr großen Mann in unsere Richtung kommen. Mike drückte mir das geklaute Handy in die Hand und rannte weg. Ich hab dann das Handy auf einen Zaun in der Nähe des Fischstands gelegt und bin nach Hause gegangen. Ich war furchtbar enttäuscht und traurig. Später habe ich noch gehört, dass Mike solche Sachen öfter machen soll. Ich will damit nichts zu tun haben. Letztens hat er mich wieder angerufen und gefragt, ob ich nicht sofort bei ihm vorbeikommen könne. Ich behauptete, ich hätte nur noch eine Stunde Zeit, dann sei ich verabredet. „Du weißt gar nicht, was man in einer Stunde alles machen kann“, hat der Idiot geantwortet.
Was ich einfach nicht verstehe, ist, wie jemand, der so gut aussieht wie Mike, einen so miesen Charakter haben kann.
Meine Schokokinder werden mit Sicherheit keinen solchen Vater bekommen. Und bei der nächsten Verabredung mit einem Jungen sollte ich wohl mehr auf die berühmten „inneren Werte“ achten.

INFO

Unsere jüngste Botschafterin aller Zeiten: Sandra geht zur Schule und möchte später einmal Schauspielerin werden. Wir drücken ihr die Daumen!

[katz und maus]

_Er hat zu mir herübergeschaut, ganz sicher. Wenn er doch bloß nicht so cool wäre ... Ob ich Silvie vorschicke, damit sie ihn für mich anspricht?

Nina, 17

In der großen Pause stand Nina wie immer mit den anderen Mädchen in der Ecke an den Bäumen. Sie blickte nicht zu den Jungs herüber, tat mal wieder so, als würde sie Leif nicht beachten.
Na, kommt dir diese Situation bekannt vor? Da ist dieses Mädchen, zwei Klassen unter dir, das dir schon seit langer Zeit aufgefallen ist. Weil sie so anders ist als die anderen, so natürlich. Aber mit ihr ist es wie verhext: Wenn du zu ihr hinsiehst, blickt sie weg.
Und doch spürst du dann wieder ihre Blicke auf deinem Rücken. Du hast irgendwie Angst, sie anzusprechen? Das geht ihr vielleicht ganz genauso.

Ihr fehlt der Mut, auf dich zuzugehen

Stell dir vor, wie du wohl auf sie wirkst. Du bist älter als sie, nicht viel, aber wenn du mit deinen Freunden im Hof stehst, bist du für sie unerreichbar.

Nina erzählte blue4you, was damals in ihr vorging: „Leif und seine Freunde aus der zwölften waren irgendwie ganz schön weit weg." Am liebsten hätte sie deshalb ihre beste Freundin vorgeschickt; damit sie Leif „abscannt", um so herauszufinden, ob sie Chancen bei ihm hat. Aber dann verwirft sie den Gedanken wieder. Wäre ja auch zu blöd, oder?

„Ich dachte, den lernst du nie kennen", erzählt uns Nina, „aber auf Umwegen an ihn heranzukommen war dann doch nicht mein Ding." Immer wenn die 17-Jährige im Hof an ihm vorbeigeht, weicht sie seinem Blick aus. Um dann, wenn sie fast bei ihm ist, für einen ganz kurzen Moment aufzusehen.

Das kommt dir bekannt vor? Dieser Blickkontakt, der nur eine Sekunde dauert und dir vorkommt wie eine Ewigkeit. Vielleicht meinst du, sie spielt nur mit dir und täuscht ihre Schüchternheit bloß vor.

Wenn sie mit ihren Freundinnen zusammen ist, wirkt sie doch so locker. Und erst vor ein paar Tagen hast du mitbekommen, wie ein anderer Typ eine knallharte Abfuhr von ihr bekommen hat. Richtig angefaucht hat sie ihn, als er sie mit einem dummen Spruch angegraben hat.

Die plumpe Anmache zieht nicht

Silvie, Ninas Freundin, verriet uns, warum Mädchen manchmal ganz besonders schüchtern sind: „Je besser mir ein Junge gefällt, umso mehr stelle ich mich an. Das geht manchmal so weit, dass ich ihn nicht einmal mehr ansehen kann. Wenn es mich so richtig erwischt hat, verhalte ich mich völlig kindisch."

schule

Na schön, das sieht fast so aus, als müsstest du etwas unternehmen, oder? Wenn du also merkst, dass da etwas zwischen euch läuft, dann versuch doch mal, sie allein zu erwischen.
Leif zum Beispiel deutete Ninas Verlegenheit ganz richtig und passte sie deshalb nach der Schule ab. Keine von ihren Freundinnen war in der Nähe und auf einmal war alles ganz einfach. Es schien fast selbstverständlich, als sie nebeneinander nach Hause radelten. Silvie erinnert sich, wie sie und die anderen am nächsten Tag gestaunt haben, als Leif und Nina in der Schule zusammen auftauchten:
„Wir wollten alles von ihr wissen und haben Nina richtig ausgequetscht. Aber die wollte nichts erzählen."

"Stimmt", meint Leifs neue Freundin: „So etwas ganz besonders Schönes behalte ich erst einmal für mich. Und ich freue mich schon auf die nächste große Pause, wenn ich ihn wiedersehe!"

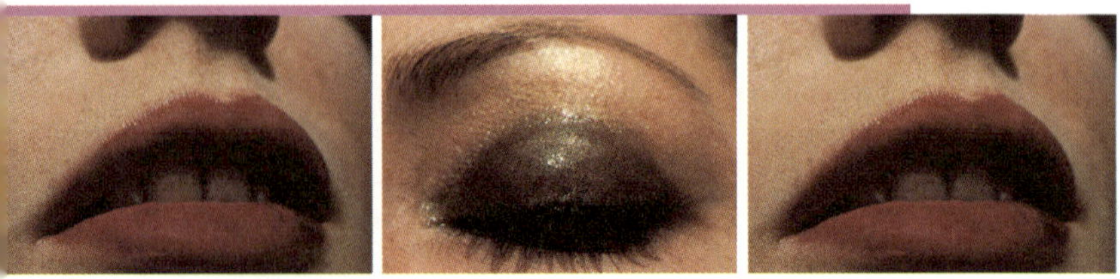

[heartbeats]

_Plötzlich war Maja da. Sie kam aus dem dichten Disco-Nebel auf mich zu getanzt und lächelte mich an. Einfach so. Stundenlang bewegten wir uns zum Rhythmus der Musik, ohne dabei zu sprechen. Sahen uns tief in die Augen, wenn sich unsere Körper berührten. Und irgendwie war zwischen uns alles klar.

Lennard, 19

als ich ihn dort am Rand der Tanzfläche sah, wusste ich, das ist er", erzählt uns Maja. „Einen Jungen in der Disco kennen zu lernen, ist eigentlich sonst gar nicht mein Ding. Da denke ich sofort: 'Der will dich bloß abschleppen.'"

Die meisten Mädchen kennen diese Angst, als One-Night-Stand ausgenutzt zu werden. Okay, an sich ist gegen so eine einmalige Liebes-Nacht ja auch nichts zu sagen. Wenn sich beide einig sind! Aber es ist auch möglich, dass sie, wenn sie einen Jungen kennen lernt, mehr von ihm möchte. Und umgekehrt auch, nicht wahr? Wenn du auf sie zugehst, sollte dir klar sein, was du von ihr willst.

Mädchen stehen nicht auf Anmachertypen.

Sei lieber ganz direkt, sonst geht es dir vielleicht wie Robert, der Majas Freundin Katja auf die plumpe Art erobern wollte. Er machte sie im Hamburger „Grünspan" an und landete mit der Tour voll auf der Nase: „Der Typ rempelte mich an der Bar an. Dann hat er sich ganz übertrieben entschuldigt und wollte mich auf einen Drink einladen. Das war so inszeniert, so leicht zu durchschauen."

ausgehen

Die Modedesignstudentin wird jetzt noch sauer, wenn sie an Roberts dreiste Anmache denkt.
„Er hat nicht kapiert, worum es geht", erklärt sie uns. „Es ist viel netter, ein Junge zeigt dir offen, was er will. Auch wenn er dabei vielleicht ein bisschen unsicher rüberkommt. Macht doch nichts."

Bei Lennard und Maja lief das glücklicherweise ganz harmonisch. War das die Verliebtheit auf den ersten Blick, von der alle immer sprachen? Für die 18-jährige Maja auf jeden Fall. Aber auch Lennard kann und will sich nicht von ihr trennen.
„Ich fragte sie um sechs Uhr morgens vor der Disco, ob sie noch mit mir frühstücken geht", erzählt der Foto-Assistent. „Danach wollte ich mit Maja spazieren gehen und abends habe ich sie ins Kino eingeladen."

Zeig ihr, dass sie etwas ganz Besonderes ist!

„Lennard war unglaublich. Er hat mir gleich gezeigt, wie viel es ihm bedeutet, dass wir uns getroffen haben." Der 19-Jährige ist ganz überrascht, als ihm Maja gesteht, dass sie ihn schon viel länger vom Sehen kennt. Bei einem Croissant und dampfendem Milchkaffee rückt sie mit der ganzen Wahrheit raus. „Sie hat sich einfach lange nicht getraut, mich anzusprechen. Deshalb hat sie ihren Körper sprechen lassen und diese Sprache habe ich verstanden."
Manchmal sind Mädchen so. Sie lassen sich Zeit und wollen auch, dass du dir Zeit nimmst, wenn du auf sie zugehst. Es kommt darauf an, wie du es anstellst, wenn du sie in der Disco ansprechen willst. Geh direkt und offen auf sie zu. Such den Blickkontakt und zeig ihr mit einem Lächeln dein Interesse. Am besten wartest du den Moment ab, wo sie nicht länger von Freundinnen umlagert ist.
Du denkst jetzt, deine Offenheit könnte dich nur verletzlich machen? Nein, du zeigst ihr viel mehr, dass du berührbar bist. Und an ihrer Reaktion wirst du gleich spüren, was sie davon hält. Sie lächelt freundlich zurück und tanzt weiter in deiner Nähe? Das ist ein gutes Zeichen und du kannst dich ruhig ein bisschen weiter vorwagen. Und lass beim Ausgehen deine Coolheit einfach zu Hause, denn die zieht nicht. Wie man sieht.

[fang den ball]

_Als ich Lisa zum ersten Mal sah, trug sie außer einem tollen Bikini und ihrem bunten Wellenreiter nichts am Leib. Ganz natürlich sah sie aus, mit ihrem nassen, seidigen Haar. Einfach süß. Ich dachte sofort, das ist meine Meerjungfrau.

Lukas, 19

Aber die unbekannte Surferin ging an Lukas vorbei und nahm Kurs auf den Parkplatz hinter den Dünen. „Ich hatte schon gehofft, dass sie vielleicht etwas zu mir sagt. Geschaut hat sie jedenfalls ganz schön auffällig. Aber sie drehte sich noch nicht mal mehr um." Lukas wusste, dass er die Chance nutzen musste, wenn er sie kennen lernen wollte. Mensch, das ist doch wie immer, denkst du? Sie guckt, aber unternimmt nichts. Stimmt, aber versetz dich doch mal in ihre Lage. Du bist umringt von deinen Freunden und da soll sie sich trauen? Vergiss es! Und mach selbst was!
Denn zusammen Gas geben ist am schönsten! „Kurz vor den Autos holte ich Lisa ein", erzählt uns Lukas. Und dort bittet er die sportliche Wassernixe, ob sie abends, wenn Flut ist und die Wellen genau richtig sein werden, mit ihm aufs Wasser geht. „Ich hab mich so gefreut, dass er mit mir zusammen surfen wollte", sagt Lisa. Kein Wunder. Denn die Freundinnen der 17-jährigen Surferin, die schon auf sie warten, verlassen den Strand höchstens mal, um sich ein Eis zu kaufen. Du dachtest bisher immer, Mädchen stehen eher auf ein romantisches Kennenlernen?

Einige sind versessen auf ihren Sport!

Diese Mädchen wirst du eher in der Handballhalle, auf dem Fußballplatz oder in der Half-Pipe treffen. Sportskanonen wie Sandra, die im Gym regelmäßig an den Geräten arbeitet. Immer häufiger trainierte Martin wie durch Zufall an der Maschine neben ihr. Er verabredete sich mit ihr zum gemeinsamen Work-out. „Die meisten Typen tun immer so wahnsinnig cool, wenn sie im Hantelraum aufkreuzen", stöhnt die Grafikerin. „Aber diese Jungs sind so durchschaubar. Die wirklich netten, direkten – so wie Martin – sind leider viel zu selten."

die wirklich netten sind leider viel zu selten

Für Claudia zum Beispiel war es einfach umwerfend, als sie Karl kennen lernte. Einen Jungen, der wie sie ganz heiß ist aufs Skaten. Jedes Wochenende verbringt die 19-Jährige in der Inline-Halle.
„Die Jungs, die ich hier treffe, liegen alle auf meiner Wellenlänge", meint Claudia. „Aber den größten Kick bringt es mir, wenn ich mit Karl gemeinsam durch die Half-Pipe rase.“
Vielleicht ist die Chance, ein Mädchen kennen zu lernen, das so richtig gut zu dir passt, sogar nirgendwo größer als beim Sport. Du wirst mit ihr Spaß haben, lachen, laufen und Lebensfreude pur genießen.

„Wir steigern uns gegenseitig und stacheln uns bei den schwierigen Sprüngen in der Rampe richtig an."

Wenn du an deine Grenzen stößt, bringt sie dich vielleicht noch mal ein Stückchen weiter. Fordert dich heraus zu kämpfen und nicht aufzugeben. Mit so einem Erlebnis versinkt die Welt um euch herum, wird unwichtig und klein.
Lisa und Lukas zum Beispiel vergessen alles um sich herum, wenn sie zusammen durch die Wellen paddeln. Und mancher Insider ist sogar der Meinung, dass Sport ebenso verbindet wie Sex. Klingt doch herrlich, oder?

[verliebt]

S. 19 ◂ **Sie** hatte nicht besonders viel geschlafen in jener Nacht vor vier Monaten, in der Nacht nach der Aktion mit dem Zettel. Sie hatte sich schrecklich geschämt und beschlossen, so etwas Peinliches nie wieder zu tun. Am nächsten Morgen war Björn nicht im Bus gewesen. Zu spät zur Schule war sie trotzdem gekommen und diesmal war ihr das nicht egal gewesen. „Ich muss damit aufhören", hatte sie gedacht, „ich will doch Medizin studieren und das geht nun mal nicht mit einem Scheiß-Abitur." Und ihr Text für die Schulzeitung, auf den die Redaktion gewartet hatte. Und das Reitturnier im Mai. Was hab ich bloß die ganzen Monate getrieben, verdammt.

In der Pause hatte sie ihren Freundinnen zum ersten Mal wieder zugehört. Ein neues Café hatten die entdeckt und außerdem gingen sie jetzt regelmäßig ins Theater. „Nehmt ihr mich auch mal mit?", hatte sie gequengelt und Maren war ihr um den Hals gefallen und hatte gejubelt: „Sie ist wieder da!"

Am gleichen Nachmittag war sie mit der festen Absicht zu trainieren in den Stall gefahren. Anne hatte auf einem Strohballen gesessen und kritisch ihre endlos langen Beine betrachtet. „Björn war hier", hatte sie ihr entgegengekräht. „Guck mal in die Sattelkammer!" Ihre Knie zitterten wie Wackelpudding, als sie die Tür zur Kammer öffnete. Unter ihrem Sattel hing ein Zettel. „Es ist was es ist, sagt die Liebe", stand da drauf. Sie hatte sich nicht getäuscht. Er kannte das Gedicht. Und sie wollte jetzt nicht mehr trainieren. Sie wollte ausreiten. Sofort.

Er wartete auf sie. Und lächelte. Sie hielt ihr Pferd an und fragte: „Kommst du mit?", und er kletterte hinter sie und hielt sich ganz leicht an ihr fest. Sie ritten durch einen Wald, in dem die Sonnenstrahlen vor Freude tanzten, und sagten kein Wort.

So hatte es angefangen mit ihnen. Björn nahm jetzt einen Bus früher, damit sie nicht mehr zu spät kommen musste, aber die Texte für die Schulzeitung hatte sie nicht abgeliefert, beim Turnier war sie gar nicht erst gestartet und ins Theater ging sie nur mit ihm. Ihre Freundinnen gönnten ihr das Glück, nur Maren dachte manchmal, wenn sie sich im szenigen Café langweilte, dass nur die, die mehr Schwester als Freundin war, sie richtig zum Lachen bringen konnte. Und dann ging Maren traurig nach Hause und sah, wie sich nebenan ein Liebespaar in den Armen lag.

Und sie und Björn lagen sich in den Armen. Sie hatten sich nicht lange aufgehalten mit Küssen und Streicheln. Schnell flogen die Klamotten und sie brüllte ihre Mutter an, wenn die an die Zimmertür klopfte und fragte, ob sie Kaffee haben wollten. Alles, was sie miteinander taten, fühlte sich richtig an, und als Björn ihr sagte, dass er mit ihr schlafen wolle, ging sie zum Arzt und ließ sich die Pille verschreiben.

Ihre Mutter fand, sie sollte noch ein bisschen warten. So lange würden sie sich doch noch gar nicht kennen, und wenn Björn wirklich der Richtige wäre, könnte sie doch auch noch in einem halben Jahr mit der Pille anfangen. „Aber ich weiß doch jetzt schon, dass er der Richtige ist. Warum soll ich dann warten? Und, Mama, ich glaube nicht, dass du jetzt schon Großmutter werden möchtest." Ihre Mutter musste lachen. „Nein, das möchte ich ganz bestimmt nicht. Und ausreden kann ich dir das ja nicht, schließlich hast du schon immer nur das gemacht, was du wolltest. Ich vertraue darauf, dass du erwachsen genug bist, eine solche Entscheidung zu treffen, meine Kleine." Sie umarmten sich sehr fest. Und ihr tat es ganz schön Leid, dass sie ihre Mutter in letzter Zeit so oft angebrüllt hatte. „Du bist ne klasse Mutter, übrigens." –„Du bist ja auch ne klasse Tochter. Aber bitte versprich mir eins: Mach das nicht irgendwo zwischen Tür und Angel. Ich musste das erste Mal im Auto mit deinem Vater schlafen. Das soll bei dir anders sein. Okay?" – „Versprochen."

Die beiden hatten das ganze Wochenende für sich. Ihre Eltern waren weggefahren und ihre Mutter hatte zum Abschied augenzwinkernd gesagt, dass ja Eltern auch mal ohne ihr Kind Spaß haben dürften. Sie trug neue Unterwäsche mit Spitzen, und sie dachte, Björn müsste ihr Herzklopfen hören, als sie ihm die Tür öffnete. Er nahm sie in die Arme und küsste sie lange. „Möchtest du das auch wirklich?", fragte er sie. Sie lächelte und zog ihn zum Bett. Er öffnete ihr Kleid, ganz langsam und vorsichtig, als hätte er Angst, etwas an ihr kaputtzumachen. „Du bist so schön." Sein Mund auf ihren Brüsten, seine Hand zwischen ihren Beinen. Er wusste, wo er sie berühren musste, oft hatte er sie auf diese Weise zum Orgasmus gebracht.

Aber heute wollte sie mit ihm schlafen. Sie zog ihn zu sich. „Ich liebe dich", sagte sie und sah in diese riesengroßen Augen mit den mörderischen Wimpern. „Ich dich auch." Er legte sich auf sie und drang vorsichtig in sie ein. Es tat ein bisschen weh. Es fühlte sich nur ein bisschen fremd an. Er bewegte sich in ihr und begann zu keuchen. Er kam schnell. Damit hatte sie gerechnet, es war ja auch sein „erstes Mal". Sein Kopf lag an ihrer Schulter, und sie streichelten sich schweigend. Sie dachte nach. Das war also das, worüber alle redeten, längst bevor sie's getan hatten. Es war schön, hatte nicht so sehr wehgetan, und es war ja auch klar gewesen, dass es beim ersten Mal ziemlich schnell gehen würde.

Und trotzdem war es seltsam unspektakulär. Sie hatte immer gedacht, dass nichts mehr so sein würde wie vorher, wenn sie zum ersten Mal mit einem Mann geschlafen hätte. Aber es veränderte ja gar nichts, stellte sie fest und wurde plötzlich traurig. Björn sah sie an und fragte, ob alles okay sei. "Klar. Ich bin nur ein bisschen durcheinander." Sie machten sich gemeinsam etwas zu essen, und als sie sich das nächste Mal liebten, fand sie, dass jetzt doch alles anders als vorher war .

Sie war eine erwachsene Frau. Ihr Busen war durch die Pille größer geworden, und Björn und sie fanden das lustig. Ihre Mutter hatte nach dem Wochenende komplizenhaft gefragt, ob's denn schön gewesen sei. Sie hatte nur lachend genickt. Selbst ihr Vater hörte auf, sie wie ein kleines Mädchen zu behandeln, und wenn sie mit ihren Freundinnen auf dem Schulhof zusammenstand, fragten die sie um Rat in Liebesdingen. Sie war so glücklich wie nie zuvor. Nur manchmal stand sie abends am Fenster und fühlte da noch etwas anderes. Dann schüttelte sie den Kopf, lachte und dachte beim Einschlafen an Björn.

► S. 96

[music of my heart]

_I feel it in my fingers,
I feel it in my toes.
The love that's all around me,
and so the feeling grows

(Wet Wet Wet „Love is all around")

Sie hat den schönsten Mund mit den schönsten Grübchen der Welt, und das umwerfendste Lächeln überhaupt. Des Universums wahrscheinlich. Okay, es gibt weit über 6. 000. 000. 000 Menschen auf der Erde, davon sind bestimmt so etwa 500. 000. 000 Mädchen. In Anbetracht dieser Zahl hast du bisher nur einen geringen Prozentsatz der in Frage kommenden Münder gesehen, vermutlich gibt es tausend objektiv schönere Münder und schönere Grübchen, aber darum geht's doch gar nicht! Sie hat das schönste Lächeln der Welt. Für dich. Du bist verrückt nach ihr.
Wenn sie nicht da ist, erwischt du dich dabei, wie du dein Zimmer nach Dingen absuchst, die ihr gehören. Oder die sie benutzt hat, als sie das letzte Mal da war. Verrückt, oder?
Du glaubst, sie riechen zu können, wenn sie nicht da ist und musst plötzlich lachen, obwohl du alleine in der Küche sitzt, nur weil du an eine ihrer bescheuerten Aktionen denken musst, wenn sie für ein Wochenende bei ihrer besten Freundin so um die 15 Oberteile, acht Röcke, zehn Hosen und neun Paar Schuhe mitnehmen muss. Dann fragst du dich manchmal,

wie sie auf solche Ideen kommt und findest das doch ein wenig tussig. Eigentlich aber auch nicht, denn ihre Ticks sind irgendwie schon wieder total süß. Du bist einfach glücklich, dass es sie gibt. Und du genießt das Gefühl, das du tief in dir spürst, seit ihr zusammen seid.

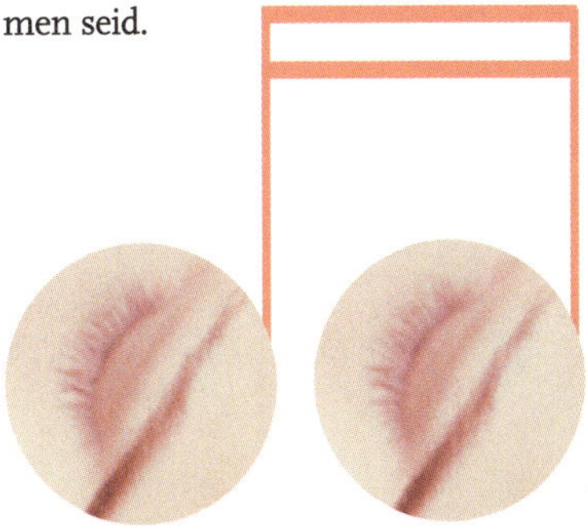

Heute wartest du auf sie, du sitzt schon seit über zehn Minuten im Kino-Café und guckst dauernd auf die Uhr. Immer wenn du auf sie wartest, blickst du dauernd auf die Uhr und zählst die Sekunden.

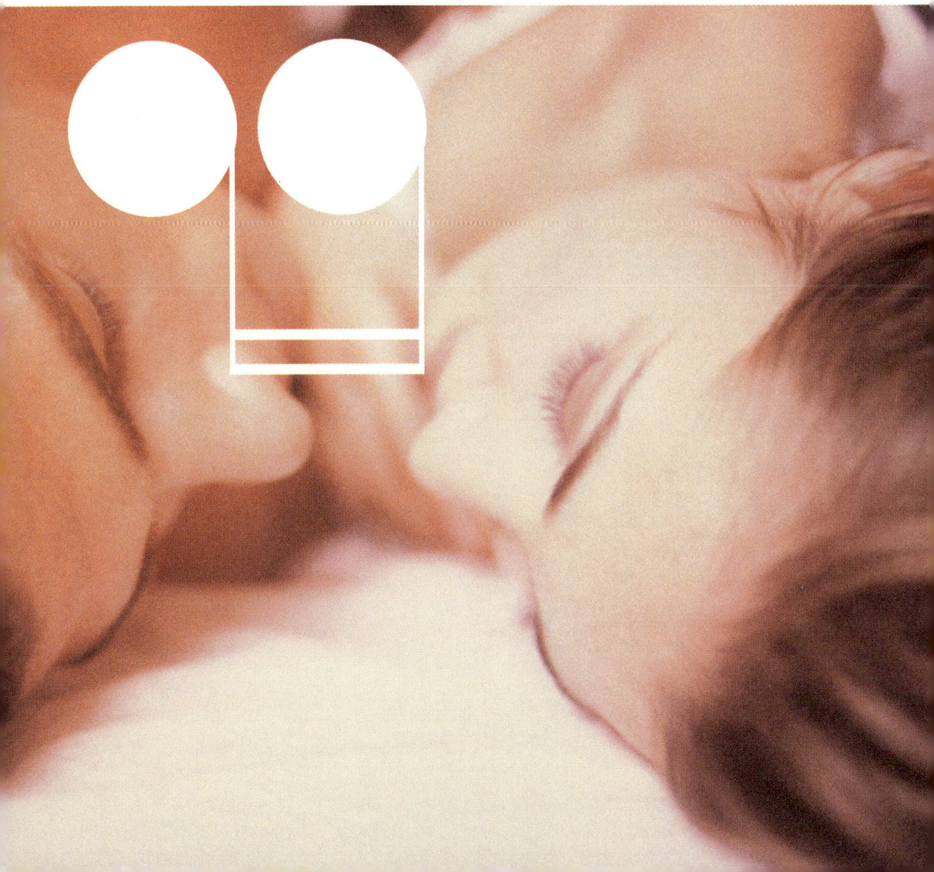

VERLIEBT
du gehörst zu mir

Und wieder kommt es dir so vor, als habe eine Minute neuerdings viel mehr Sekunden.

Für jeden Menschen auf der Erde eine. Oder für jeden glücklichen Augenblick, den du mit ihr noch verbringen möchtest. Deine Welt ist perfekt. Doch der Weg dahin ist oft schwer zu gehen. Bis die Pforten zu diesem Traumland "Liebe" aufgebrochen sind, musst du manchmal einige schwere Brocken aus Weg räumen: Stolz, Angst, Vorurteile, Zweifel.

Naima ist bei blue4you - Botschafterin. Irgendwann lernte sie Silvio kennen. Silvio war 16 und als Aufreißertyp bekannt. Er sah gut aus, er konnte auch charmant sein. Es war kein Geheimnis, dass er bereits mit 14 Jahren zum ersten Mal mit einem Mädchen geschlafen hatte. Und als Naima ihn kennen lernte, wurde sie mit Warnungen bombardiert. „Erst lehnte ich ihn total ab. Klar, er sah süß aus, aber ich hatte keine Lust auf einen Schmalspurmacho." Und dann passierte es trotzdem: „Eines Tages unterhielten wir uns alleine, und er vergaß seine dumme Anmache, war einfach nur nett." Und zerstreute damit Naimas Vorurteile. „Der erste Kuss passierte ganz spontan, irgendwo hinter dem Schulhof. Ich war einfach fasziniert von dieser Situation. Alle gegen ihn, der schlechte Ruf. Ich habe es einfach getan. Ich habe einfach auf die anderen gepfiffen und wollte mir mein eigenes Bild machen."

To love you is to be part of you
(Madonna „Ray of light")

Aber es gibt auch noch ganz andere Dinge, die du erleben kannst. Du hast Angst. Aber sie genauso. Botschafterin Amela hat sich sogar einen Freund ausgedacht, hat behauptet, sie wäre schon lange mit ihm zusammen, als Daniel ihr näher kommen wollte. „Ich weiß noch genau, wie ich damals gemerkt habe, dass ich mich verknallt hatte. Ich habe mich immer wahnsinnig darauf gefreut, ihn zu sehen, und war jedes Mal total aufgeregt. Irgendwie haben wir aber zueinander gehört, denn es ist dann irgendwie passiert." Daniel hat damals auch eine Freundin gehabt, aber die Gefühle zu Amela waren stärker. Eines Abends hat er sie nach Hause gebracht, beide haben gespürt, es liegt etwas in der

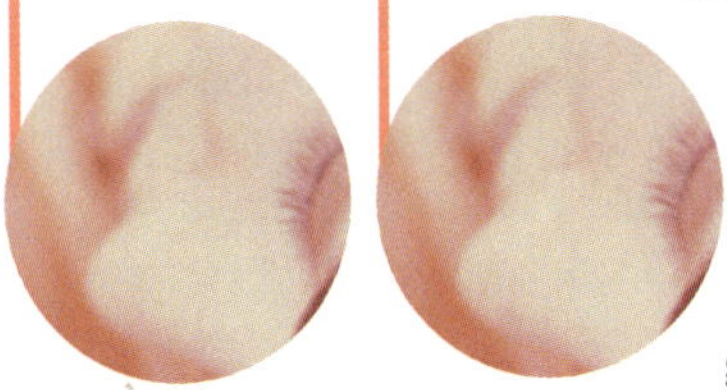

Luft. „Meine Hände schwitzten, ich hatte Angst. Trotzdem habe ich mich überwunden. Die Gefühle waren stärker als die Angst." Amela erinnert sich heute noch sehr gerne an diesen Moment. Die Mischung aus Unbehagen, weil sie nicht wusste, was passieren würde, und keine Ahnung hatte, wie man küsst, und Angst davor, sich falsch zu verhalten. Alles war ja neu und fremd. Und zusätzlich dieses atemberaubende Glücksgefühl. „Daniel war jemand, der mich lieb hat, der für mich da ist, sich für die Dinge interessiert, die ich mache und die mir wichtig sind."

Wenn du verliebt bist, dann tust du viele Dinge, von denen du nie geglaubt hättest, sie zu tun. Du gehst mit ihren Eltern sonntags in die Kirche und siehst ihr anschließend beim Dressurreiten zu.
Dabei findest du diesen Sport langweilig und fühlst dich deplaziert als einziger Junge im Publikum.
Du interessierst dich plötzlich für Sendungen wie „Nur die Liebe zählt" oder guckst dir mit ihr Ausstellungen an. Und findest es schön.

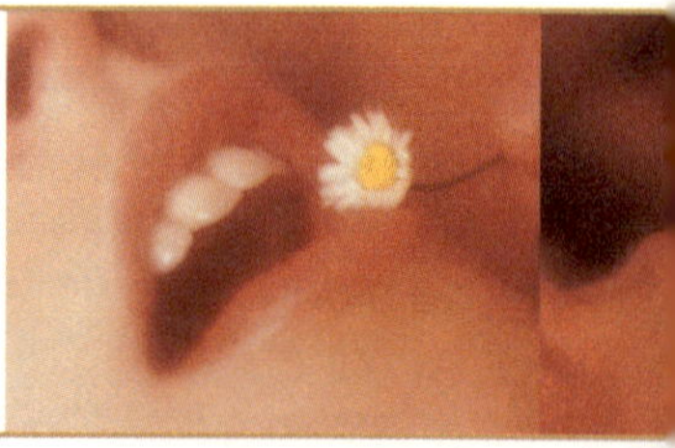

Du erwischt dich dabei, wie du völlig verrückte Dinge tust, auf die du nie selber kommen würdest. Du genießt die Zeit mit ihr und freust dich für sie mit, wenn sie stolz ist, dich bei ihren Dingen dabeihaben zu können. Und du gibst sicherlich nichts von deiner Persönlichkeit auf, wenn du ihr diese Zeit gönnst. Sie wird sich auch deinen Interessen widmen.

Was ist Liebe?

„Wenn man morgens aufwacht und der erste Gedanke geht an eine bestimmte Person. Und das auch dann, wenn man sich am anderen Ende der Welt befindet."

Andreas, blue4you-Botschafter

„Liebe ist, wenn sie die Hosen an hat."

Will Smith, US-Schauspieler und Sänger

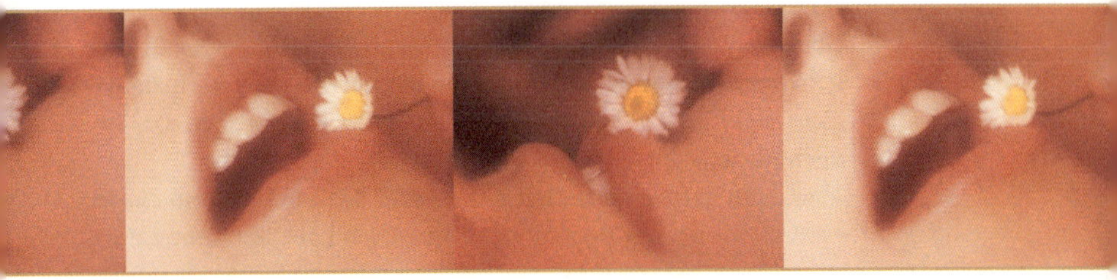

„...immer ein großer Kampf und nie für immer."

Milla Jovovich, Schauspielerin und Model

„1. MAL VERKNALLT“ ICH, PAULE, 21

_In Eddi war ich total verliebt. Er hatte den schönsten Mund der Welt! Und von ihm habe ich meinen ersten Kuss bekommen. Nie wieder hat mich ein Junge so geküsst wie Eddi.

Wir wohnten damals auf dem Land, in der Nähe von Berlin. Ich war 13 und in der siebten Klasse. Ich wollte cool sein und stand immer auf dem Raucherhof in der Schule herum. Eddi war auch jeden Tag da. Wenn ich ihn gesehen habe, hat es mich getroffen wie ein elektrischer Schlag, vor allem, wenn er mich angeguckt hat.

Eddi war eher klein, aber dafür supersportlich. Und er hatte superschöne Augen, ganz tiefblau und riesengroß, mit schwarzen langen Wimpern. Und sein Mund, der war einfach unglaublich sinnlich. Sein Mund sah aus wie gemalt. Eddi hieß eigentlich Edgar.
Über die Wochen habe ich mich immer mehr in ihn verknallt.
Ich konnte nicht mehr richtig essen, nicht mehr richtig schlafen, nicht mehr richtig denken. Das Allerschlimmste war aber, dass er mich nie angeguckt hat.
Aber dann hat Eddi doch mit mir geredet. Ich weiß nicht mehr, was es war, aber ich war im siebten Himmel. Ich habe ihn immer nur angeschaut und versucht, irgendwelche Witze zu reißen und mit ihm zu flirten. Ich habe alles versucht.
Und dann wurde alles anders, von einem Tag auf den anderen.
Denn an diesem Tag bekam ich einen Brief. Einen Liebesbrief!
Von Eddi! Der Brief war wunderschön geschrieben, mit Gedichtzeilen, irgendetwas mit Rosen. Ich habe den Brief immer wieder gelesen. Ich konnte es einfach nicht glauben. Und dann habe ich gedacht: “Wochenlang guckt der dich nicht an, und dann schreibt er dir so einen Brief? Nee, der verarscht mich!“
Ich wusste überhaupt nicht, was ich anfangen sollte.

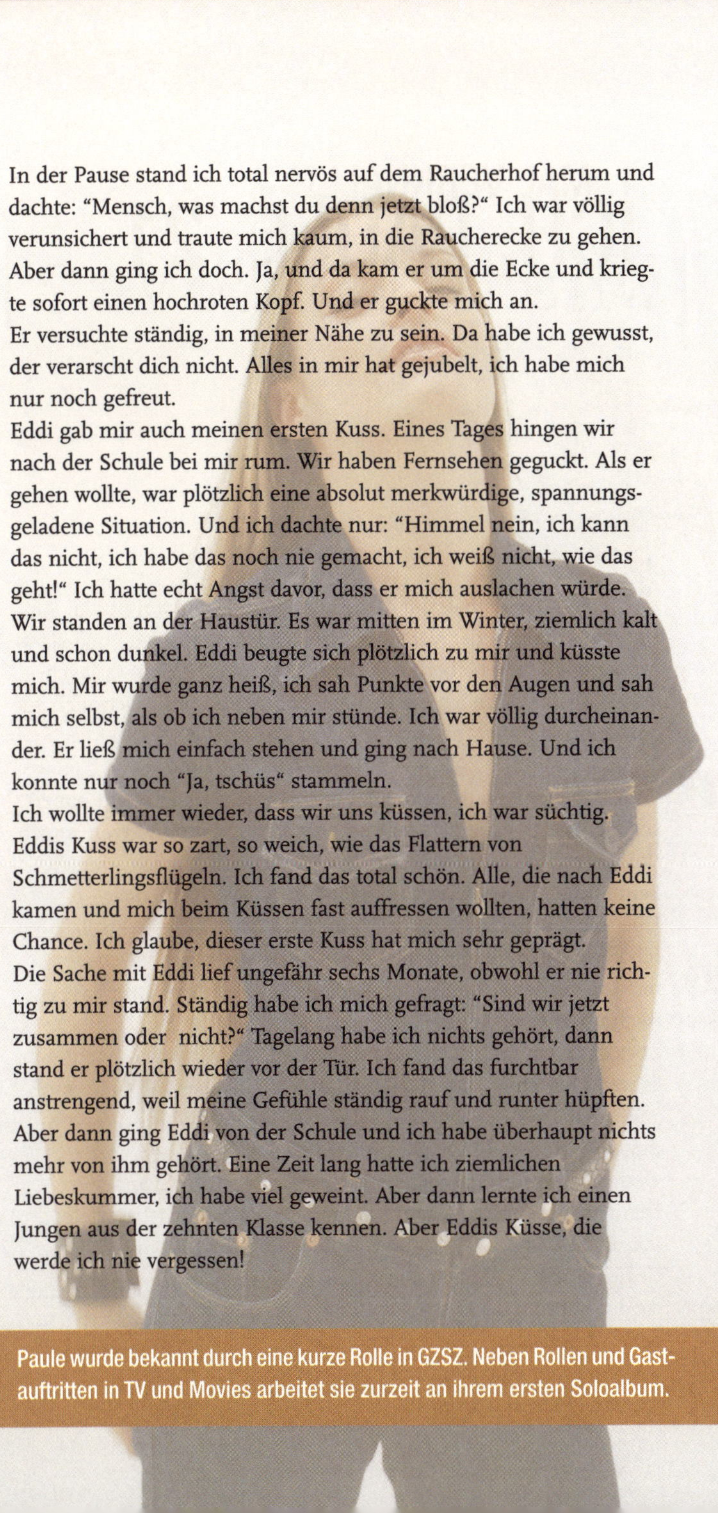

In der Pause stand ich total nervös auf dem Raucherhof herum und dachte: “Mensch, was machst du denn jetzt bloß?“ Ich war völlig verunsichert und traute mich kaum, in die Raucherecke zu gehen. Aber dann ging ich doch. Ja, und da kam er um die Ecke und kriegte sofort einen hochroten Kopf. Und er guckte mich an.
Er versuchte ständig, in meiner Nähe zu sein. Da habe ich gewusst, der verarscht dich nicht. Alles in mir hat gejubelt, ich habe mich nur noch gefreut.
Eddi gab mir auch meinen ersten Kuss. Eines Tages hingen wir nach der Schule bei mir rum. Wir haben Fernsehen geguckt. Als er gehen wollte, war plötzlich eine absolut merkwürdige, spannungsgeladene Situation. Und ich dachte nur: “Himmel nein, ich kann das nicht, ich habe das noch nie gemacht, ich weiß nicht, wie das geht!“ Ich hatte echt Angst davor, dass er mich auslachen würde. Wir standen an der Haustür. Es war mitten im Winter, ziemlich kalt und schon dunkel. Eddi beugte sich plötzlich zu mir und küsste mich. Mir wurde ganz heiß, ich sah Punkte vor den Augen und sah mich selbst, als ob ich neben mir stünde. Ich war völlig durcheinander. Er ließ mich einfach stehen und ging nach Hause. Und ich konnte nur noch “Ja, tschüs“ stammeln.
Ich wollte immer wieder, dass wir uns küssen, ich war süchtig. Eddis Kuss war so zart, so weich, wie das Flattern von Schmetterlingsflügeln. Ich fand das total schön. Alle, die nach Eddi kamen und mich beim Küssen fast auffressen wollten, hatten keine Chance. Ich glaube, dieser erste Kuss hat mich sehr geprägt.
Die Sache mit Eddi lief ungefähr sechs Monate, obwohl er nie richtig zu mir stand. Ständig habe ich mich gefragt: “Sind wir jetzt zusammen oder nicht?“ Tagelang habe ich nichts gehört, dann stand er plötzlich wieder vor der Tür. Ich fand das furchtbar anstrengend, weil meine Gefühle ständig rauf und runter hüpften. Aber dann ging Eddi von der Schule und ich habe überhaupt nichts mehr von ihm gehört. Eine Zeit lang hatte ich ziemlichen Liebeskummer, ich habe viel geweint. Aber dann lernte ich einen Jungen aus der zehnten Klasse kennen. Aber Eddis Küsse, die werde ich nie vergessen!

INFO

Paule wurde bekannt durch eine kurze Rolle in GZSZ. Neben Rollen und Gastauftritten in TV und Movies arbeitet sie zurzeit an ihrem ersten Soloalbum.

[what is love?]

_Oder: Was Jungs über sich selbst wissen sollten, bevor sie sich verlieben

Einfach nur verknallt? Oder ist es echte Liebe? Hier erfahrt ihr, wo da der Unterschied liegt. All die chemischen Vorgänge, die beim Verlieben eine Rolle spielen, wurden von Wissenschaftlern längst entschlüsselt. Verknallt-Sein hat neben der biochemischen Seite, die für die Hormonausschüttungen zuständig ist, noch ganz andere Auswirkungen: Die Psyche erlebt durch diese Wechselbäder der Gefühle Hochs und leider auch mal Tiefs.

Sylvia Wetzel

Und was geschieht dabei mit uns? Sind unsere Emotionen alle echt, wenn wir uns verlieben? Oder ist da auch eine ganze Menge Wunschdenken mit im Spiel? Wie kommt es, dass Verliebte oft nicht mehr ganz klar im Kopf sind? Und vor allem: Weshalb endet manchmal die schönste Verliebtheit mit Enttäuschung?
Wenn deine Gefühlswelt aus den Fugen gerät, und auf stürmische Höhenflüge plötzlich bitterer Kummer folgt, dann liegt das vielleicht daran, dass du in ein Wunschbild verknallt warst. Dieses Phänomen erklärt die Publizistin Sylvia Wetzel als Anhaftung (der Begriff stammt aus dem Buddhismus und bedeutet das Festhalten an Vorstellungen über Menschen und Dinge). Zunächst einmal fühlt sich das, was du gerade erlebst, so an, als wärst du wirklich verliebt. Du bist glücklich und euphorisch. Doch Anhaftung unterscheidet sich in ganz wesentlichen Punkten von tiefer Zuneigung, dem Gefühl, aus dem irgendwann echte Liebe werden kann: Vielleicht erkennst du das, was hier

abläuft, weil es dir schon einmal so passiert ist? Es lässt sich in etwa so erklären: Du projizierst eigene Erwartungen und versteckte Sehnsüchte auf deine neue Freundin. Und wer das – meist unbewusst – macht, der fällt natürlich aus allen Wolken, wenn irgendwann der Nachschub der Glücksbotenstoffe ausbleibt. Denn das Oxytocin sorgt nur am Anfang einer Beziehung dafür, dass der Gefühlspegel nicht absinkt. Doch es steht leider nicht unbegrenzt zur Verfügung. Der Alltag wird nach und nach ein Teil eures Lebens und dann bröckelt auf einmal die schöne Fassade. Ganz plötzlich siehst du sie, wie sie wirklich ist. Ohne Weichzeichner, und nun bist du enttäuscht.

Auf S. 70 erfährst du mehr über Hormone

Denn du hast sie dir nach deinem Wunschbild zurechtgebogen, und nun passt dir die echte Person nicht ins Konzept. Was hier abgeht, hat natürlich mit Liebe nichts zu tun. Du hast deinen Mangel an Selbstwertgefühl kompensiert, indem du unerfüllte Erwartungen in sie hineingelegt hast. Und vielleicht hast du auch versucht, dich mit ihr zu schmücken? So wie Karl, der stolz war, mit Martina, dem hübschesten Mädchen aus der Clique, zusammen zu sein: „Meine Freunde haben mich echt beneidet, weil Martina auf mich abfuhr. Dabei habe ich bei der ganzen Sache gar nicht gecheckt, worum es wirklich geht."

Noch heute schüttelt Karl verständnislos den Kopf, wenn er daran denkt:

„Ich habe mich selbst belogen. Eigentlich war sie nur so eine Art Ausstattung für mich. Die Person, die hinter dem schönen Gesicht steckt, habe ich nicht gesehen. Klar war ich verschossen, sie ist ja auch echt süß ... aber dass wir nicht zusammenpassten, war mir auch von Anfang an klar. Weil wir völlig verschieden ticken. Eigentlich brauche ich eine Freundin, die mich auch mal auf den Pott setzt. Eine, die mir sagt, wo es lang geht. Ich hab dann gemerkt, dass ich dem unbewusst ausweiche, wenn ich mich in ein Mädchen verliebe wie Martina. Eine, die mich anhimmelt, mir aber nichts entgegenhält." Na, bewundert zu werden ist eben nicht alles, oder? Denn irgendwann geht auch das vorbei. Und was hast du davon? Vielleicht nur das: Du weißt nun, dass dir nur echte Gefühle etwas bringen. Wenn du dich wirklich verlieben willst, musst du vor allem mit dir selbst im Reinen sein. Erst dann wird es mit der Liebe wie von selbst laufen. Und selbst wenn nach der ersten Verknalltheit die Glückshormone ein bisschen nachlassen, kann euch das völlig egal sein. Versuch nicht, Eigenschaften, die dir fehlen, in deiner Freundin zu suchen. Denn so machst du dir ein falsches Bild von ihr: nämlich das von dir erdachte.

Du bist manchmal unsicher? Aber du genießt es auch, wenn du im Mittelpunkt stehst und bewundert wirst? Dann achte darauf, dass du deine Freundin nicht nur zur Zierde deines Ego missbrauchst. Erlebst du dich als unvollständigen Menschen? Und fürchtest du, zu wenig Selbstvertrauen entwickelt zu haben? Dann könnte dir dieser Fehler leicht passieren: Du projizierst deine Sehnsüchte auf sie, anstelle diesen Mangel bei dir selbst zu beheben. Auch Lennard machte diesen Fehler. Sich wieder von Sylvie zu trennen, fiel ihm nämlich unheimlich schwer. Dabei hatte er es schon nach wenigen Tagen gespürt: dass sie nicht die Richtige ist. Warum? Lennard erzählt, wie ihm seine Leute aus der Clique zugeredet haben: „Die haben mich richtig überredet, als ich anfangs noch zögerte. Nachdem Sylvie und ich uns das erste Mal getroffen hatten, sagten sie mir immer wieder, wie gut sie doch zu mir passen würde. Die Nummer von dem „schönen Paar", das wir abgaben, hörte ich immer wieder. Fand ich ja irgendwie auch, aber mehr war da eigentlich auch nicht. Ich hätte besser in mich hineinhören sollen.

Dann hätte ich mich nicht in irgendwas hineindrängen lassen, was ich nicht wirklich wollte.

Aber letztendlich lag es ja an mir." Eine Weile waren Lennard und Sylvie zusammen, doch glücklich wurden sie nicht. Das ist die Anhaftung, aus der keine echte Liebe entstehen kann. Solange du ein Bild aufrechterhalten kannst, das in deine Vorstellung passt, bleibst du verliebt. Doch wenn diese Illusion Risse bekommt, ist es auch mit dem Glück vorbei. Deine Freundin, die du auf einen Sockel gehoben hast, stürzt nun ab und damit auch all die Zuneigung, die zwischen euch mal da war.

Wenn du deine Macken und Fehler kennst, bist du offen für tiefe Beziehungen. Du musst dich so akzeptieren, wie du bist. Mit all deinen Schwachstellen. Dann verliebst du dich in die Richtige und nicht in ein Wunschbild.
Was dich dabei nach vorne bringen kann, sind Freundschaften. Vor allem die, in denen du Beziehungen zum eigenen Geschlecht aufbaust. Wie das gehen soll, fragst du dich? Durch den Umgang mit anderen Jungs lernst du, wer du eigentlich bist. Denn sie halten dir immer wieder einen imaginären Spiegel vor, in dem sich dein Verhalten zeigt.

Liebe

Wenn du über die Stränge schlägst, holen sie dich ganz schnell wieder auf die Erde. Und umgekehrt pushen Freunde auch all deine guten Seiten. Über diese Freundschaften lernst du, dass Freunde dich trotz deiner Fehler mögen. Du brauchst keinen deiner Kumpels zu beeindrucken, und auch wenn du Mist baust, ist ein Freund immer für dich da. So ein Beziehungsnetz ist stabil und es wird dich auffangen, wenn es nötig ist. Hier bekommst du auch das Selbstwertgefühl, das dich stark macht für eine richtige Beziehung. Genau wie Freundschaften sind männliche Vorbilder ganz wichtig. Sie formen und prägen dich. Ob das ein Bekannter deines Vaters ist, mit dem du super reden kannst. Oder ein älterer Freund, von dem du vieles lernst. Oder sogar dein Chef, den du irgendwie respektierst ...

Von diesen Leuten kannst du unheimlich viel bekommen.

Und deshalb solltest du Beziehungen, ob zu Freunden oder zu so genannten Vorbildern, nie vernachlässigen. Auch wenn du noch so verknallt sein magst. Denn ohne Freunde wirst du allein bleiben. Erst gute Freundschaften machen dich so richtig fit für die Liebe.

„DIE 1. BEZIEHUNG“ ICH, AMELA, 18

_Durch Dennis habe ich angefangen, mich als Frau zu fühlen. Ich habe mich nicht mehr als das kleine Mädchen gesehen und mich ganz anders wahrgenommen. Dadurch, dass er mich mochte, habe ich gelernt, mich selbst und meinen Körper zu mögen.

die Beziehung mit ihm hat mich verändert. Früher dachte ich, es war die große Liebe, aber heute, zwei Jahre später, sehe ich das anders. Ich bin wohl erwachsen geworden. Aber Dennis hat auf jeden Fall eine Menge dazu beigetragen.

Mit dreizehn habe ich mich eigentlich noch gar nicht für Jungs interessiert. Lieber war ich mit meinen Freundinnen zusammen und hatte Spaß. Dann traf ich Dennis und irgendwie wurde plötzlich alles anders. Ich habe mich immer darauf gefreut, ihn zu sehen, und war jedes Mal total aufgeregt. Er war ein Jahr älter als ich und ich fand ihn unglaublich cool. Das Problem war: Er hatte eine Freundin. Eines Tages begleitete er mich nach Hause und wir standen ewig vor meiner Haustür. Es war mitten im Winter und furchtbar kalt, aber das habe ich gar nicht bemerkt. Mein Herz klopfte und meine Hände schwitzten.

„Was mache ich bloß, wenn er mich küsst?“

dachte ich. Peinlicherweise hatte ich nämlich behauptet, ich hätte schon mal einen Freund gehabt, dabei hatte ich keine Ahnung von solchen Dingen. Dann ging alles ganz schnell: Wir küssten uns, seine Freundin erfuhr davon und ich hatte meinen ersten Freund. Ich war stolz und glücklich, jemanden zu haben, der mich lieb hat,

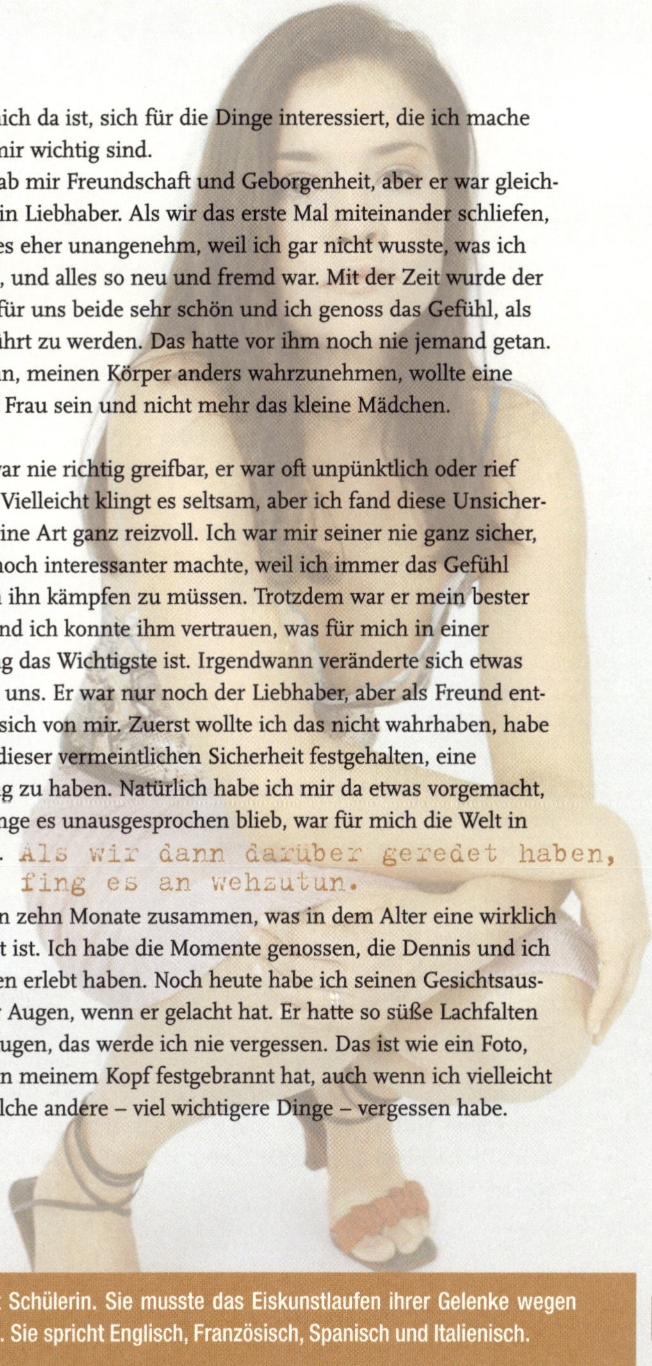

der für mich da ist, sich für die Dinge interessiert, die ich mache und die mir wichtig sind.
Dennis gab mir Freundschaft und Geborgenheit, aber er war gleichzeitig mein Liebhaber. Als wir das erste Mal miteinander schliefen, fand ich es eher unangenehm, weil ich gar nicht wusste, was ich tun sollte, und alles so neu und fremd war. Mit der Zeit wurde der Sex aber für uns beide sehr schön und ich genoss das Gefühl, als Frau berührt zu werden. Das hatte vor ihm noch nie jemand getan. Ich fing an, meinen Körper anders wahrzunehmen, wollte eine attraktive Frau sein und nicht mehr das kleine Mädchen.

Dennis war nie richtig greifbar, er war oft unpünktlich oder rief nicht an. Vielleicht klingt es seltsam, aber ich fand diese Unsicherheit auf eine Art ganz reizvoll. Ich war mir seiner nie ganz sicher, was ihn noch interessanter machte, weil ich immer das Gefühl hatte, um ihn kämpfen zu müssen. Trotzdem war er mein bester Freund und ich konnte ihm vertrauen, was für mich in einer Beziehung das Wichtigste ist. Irgendwann veränderte sich etwas zwischen uns. Er war nur noch der Liebhaber, aber als Freund entfernte er sich von mir. Zuerst wollte ich das nicht wahrhaben, habe mich an dieser vermeintlichen Sicherheit festgehalten, eine Beziehung zu haben. Natürlich habe ich mir da etwas vorgemacht, aber solange es unausgesprochen blieb, war für mich die Welt in Ordnung. Als wir dann darüber geredet haben, fing es an wehzutun.

Wir waren zehn Monate zusammen, was in dem Alter eine wirklich lange Zeit ist. Ich habe die Momente genossen, die Dennis und ich zusammen erlebt haben. Noch heute habe ich seinen Gesichtsausdruck vor Augen, wenn er gelacht hat. Er hatte so süße Lachfalten um die Augen, das werde ich nie vergessen. Das ist wie ein Foto, das sich in meinem Kopf festgebrannt hat, auch wenn ich vielleicht irgendwelche andere – viel wichtigere Dinge – vergessen habe.

Amela ist Schülerin. Sie musste das Eiskunstlaufen ihrer Gelenke wegen aufgeben. Sie spricht Englisch, Französisch, Spanisch und Italienisch.

INFO

[3 Phasen der Liebe]

Was passiert in unserem Körper, wenn wir uns verlieben?

Seit Jahren untersuchen Wissenschaftler, welche biochemischen Prozesse sich in unserem Körper abspielen, wenn wir uns verlieben. In zahlreichen Studien fanden sie heraus:
Unsere Gefühle werden von vielen Hormonen und Botenstoffen beeinflusst. Die Hormone und Stoffe entscheiden darüber, ob wir uns von jemandem angezogen fühlen, ob wir uns verlieben und ob wir uns binden.

hormone

Verliebte erleben drei Phasen. Das beweisen mehrere Studien namhafter Biologen und Psychologen.

1. Phase

Erste Phase: Am Anfang ist die Lust. Wir suchen nach einem Partner, um unseren angeborenen Fortpflanzungstrieb zu befriedigen. Während dieser Zeit kommen zwei Sexualhormone ins Spiel: Testosteron (männlich) und Östrogen (weiblich). Die Produktion dieser Hormone wird vom Gehirn gesteuert. Je mehr Testosteron ausgeschüttet wird, desto mehr Lust verspüren wir. Es sind aber nicht nur Hormone im Spiel, sondern auch Sexuallockstoffe. Diese heißen Pheromene. Sie beeinflussen, wen wir (riechen) mögen – und wen nicht. Deshalb beeinflussen die Pheromene maßgeblich die Wahl unseres Partners.

2. Phase

Zweite Phase: Wir sind verliebt. Wir haben keinen Appetit mehr, müssen uns mit schlaflosen Nächten abfinden und sind mal euphorisch, mal verzweifelt. Wir sind sozusagen nicht mehr von dieser Welt. Unsere Umwelt um uns herum ist uns schnurz – Hauptsache, wir können mit dem geliebten Partner zusammensein. Schuld an diesem Rausch der Gefühle sind Botenstoffe: Untersuchungen belegen, dass Euphorie und Leidenschaft vom Botenstoff Dopamin verursacht werden.
Die Psychiaterin Donatella Marazziti von der italienischen Universität Pisa ist davon überzeugt, dass Patienten, die an einer Zwangsstörung leiden, und frisch Verliebte gleichermaßen einen Mangel am Botenstoff Serotonin im Gehirn aufweisen. Dadurch sei die Übermittlung von Nervensignalen gestört und somit die emotionale Verfassung betroffen. Bei frisch Verliebten sei dies jedoch (glücklicherweise) zeitlich begrenzt.

3. Phase

Dritte Phase: Langsam tritt wieder Ausgeglichenheit ein. Jetzt entscheidet sich, ob wir uns fest binden – oder nicht. Diese Entscheidung wird von den Hormonen Oxytocin und Vasopressin gesteuert. Oxytocin, eines der kleinsten Moleküle, sorgt für Liebe und Treue. Dieses Hormon wird übrigens bei Hochschwangeren benutzt, um künstlich die Wehen einzuleiten.
Bei Frauen, die Probleme mit dem Stillen haben, wird Oxytocin verwendet, um die Milchproduktion anzuregen. Und bei Männern spielt es beim Orgasmus eine wichtige Rolle.
Oxytocin wirkt allerdings nicht ewig – ein Zeichen, dass Liebe dann eben doch mit mehr als nur Hormonausschüttungen zu tun hat?

[endlich allein sein]

_Er schaut aus dem Fenster. Draußen regnet es Bindfäden. Dann nimmt er Julia fest in den Arm und atmet tief den Duft ihrer blonden Haare ein.

Plötzlich öffnet sich die Zimmertür, seine Mutter kommt herein und hat zwei Gläser Cola in der Hand: „Ich dachte, ihr möchtet vielleicht was trinken", sagt sie und schaut dabei Julia an.
Die springt auf, lächelt wohlerzogen und nimmt die beiden Gläser entgegen. Er könnte seine Mutter erwürgen.
Solche Situationen kennt fast jeder. Du bist frisch verliebt, und das Einzige, was du möchtest, ist, ein paar ungestörte Stunden mit deiner neuen Freundin zu verbringen. Sie küssen zu können, ohne dass sich deine Freunde kichernd anstoßen und blöde Bemerkungen machen. Sie berühren, sie streicheln, ihr endlich so nahe sein zu können, wie du es die ganze Zeit schon möchtest. Eigentlich das Normalste auf der Welt. Und doch so schwer zu verwirklichen.
Denn plötzlich scheinen selbst die liberalsten und offensten Eltern wie verwandelt zu sein.
„Als ich Julia das erste Mal mit nach Hause gebracht habe, war alles noch völlig entspannt. Aber als wir nach dem Essen in mein Zimmer gegangen sind, hatte ich das Gefühl, dass meine Mutter vor der Tür steht und lauscht. Sobald ich auch nur aufs Klo gegangen bin, stand sie im Türrahmen und fragte, ob wir alles hätten, was wir bräuchten." Bei der Erinnerung daran verdreht Thomas, 17, Schüler aus Hamburg, immer noch die Augen.

Was ist es, was deine Eltern plötzlich dazu bringt, dich zu nerven? Maike Carrels vom blue4you - Beratungsteam: „Die Zeit, in der Kinder erwachsen werden, ist für Eltern nicht leicht. Bis vor kurzem waren sie noch der Mittelpunkt im Leben ihrer Kinder. Und ganz plötzlich kommt da jemand, der ihnen die uneingeschränkte Liebe ihres Kindes wegnimmt." Im Klartext: Irgendwo, ganz tief drinnen, sind deine Eltern eifersüchtig. Eifersüchtig auf dein neues Leben, in dem sie nicht mehr die Rolle spielen, die sie noch vor kurzem gespielt haben. Diese Erkenntnis kann für Eltern sehr schmerzhaft sein. Weil für sie damit ein Lebensabschnitt zu Ende geht.

Gleich kommt sie wieder: Kann sie uns nicht mal in Ruhe lassen?

Aber versuch es doch einfach mal von der positiven Seite zu sehen: Dass deine Eltern nerven, ist letztendlich nur Ausdruck dafür, dass sie dich über alles lieben. Dass es ihnen nicht egal ist, was du so treibst und mit wem. Weil sie möchten, dass du glücklich bist. Und das ist doch sehr schön. Auch wenn die Art und Weise, das zu zeigen, zugegebenermaßen manchmal etwas seltsam ist.

Verständnis ist ja schön und gut, aber dennoch willst du dich mit deiner Liebsten treffen, ohne dass deine Eltern dazwischenfunken. Das Wichtigste ist, dass du mit deinen Eltern sprichst. Sag ihnen, was du fühlst, was du dir wünschst und denkst. Dass du mit deiner Freundin auch mal allein sein möchtest. Und dass die Tatsache, dass du jetzt eine Freundin hast, nicht unbedingt bedeutet, dass du sie weniger lieb hast.

So was ist natürlich leichter gesagt als getan. Zumal Eltern nicht unbedingt gleich so reagieren, wie man sich das zuvor im stillen Kämmerlein ausgemalt hat. Noch mal Thomas und Julia: Eines Abends fasste er sich ein Herz und sprach mit seiner Mutter. Sie reagierte verletzt und mit Tränen. „Es war furchtbar. Sie ließ mich überhaupt nicht richtig zu Wort kommen, war sofort eingeschnappt“, erzählt Thomas. Die beiden redeten nur noch das Nötigste miteinander. Thomas zieht sich zurück, sagt einfach gar nichts mehr. Es kommen Vorwürfe wie „Dein ganzes Leben lang habe ich mich um dich gekümmert, und jetzt ...“ . Erst nach und nach entspannt sich die Situation. Es kommt zu einem zweiten klärenden Gespräch, bei der beide Seiten noch einmal versuchen, dem anderen seinen Standpunkt klar zu machen. Unter Tränen versöhnen sich die beiden miteinander.

Thomas' Mutter lässt die beiden jetzt in Ruhe. Aber: „Nicht immer hat ein Gespräch mit den Eltern den gewünschten Erfolg. Je nachdem, wie sehr sich die Eltern auf ihr Kind fixiert haben, braucht es unter Umständen eine Konfrontation, um sich voneinander zu lösen. Und das kann ganz schön schmerzhaft sein“, weiß Psychologin Carrels.“

[das erste mal]

_Ich war 14 und mein Kumpel schon 15. Er hatte noch vor seinem 15. Geburtstag mit einem Mädchen geschlafen. Da war für mich klar: Ich muss das auch schaffen. Ich habe es dann vier Tage vor meinem Geburtstag getan, weil ich Angst hatte, als Idiot dazustehen.
Olli, 22

Langsam zog er sich aus. So langsam, als wollte er Zeit schinden. Dabei hatte er es so herbeigesehnt: dieses geheimnisvolle erste Mal, von dem alle sprachen. Heute war es so weit. Sie würden miteinander schlafen. Oh Mann – wenn er doch nur diese Angst abschütteln könnte – die Angst, zu versagen, sich zu blamieren, nicht gut genug zu sein ...

Höhenflug oder Horrortrip?

Jeder erlebt das erste Mal anders. Für die einen ist es eine unvergessliche erotische Erfahrung, für die anderen der reinste Horrortrip – und für die meisten weder das eine noch das andere. Viele Jungs können sich beim ersten Mal nicht richtig entspannen – aus Angst, keine Erektion oder einen vorzeitigen Samenerguss zu bekommen. Ein Teufelskreis. Denn je mehr du unter Druck stehst, desto größer ist die Gefahr, dass es wirklich schief läuft – und dadurch steigt wiederum die Angst, zu versagen ...
Glücklicherweise gibt es doppelten Trost. Erstens: Den meisten anderen Jungen geht es ganz genauso. Und zweitens: Den meisten Mädchen auch. Für sie ist das erste Mal genauso aufregend, und auch sie haben Ängste. Du bist also mit deinen Gefühlen nicht allein, ganz im Gegenteil. Es ist völlig normal, dass du beim ersten Mal aufgeregt bist.

Colliens Story findest du auf S. 88

INFO

Wie Mädchen das erste Mal erleben

Collien, 19, Botschafterin für „ALL ABOUT EVE“, erzählt, wie sie sich beim ersten Mal gefühlt hat: „Ob es schön war? Na ja, ich war wahrscheinlich zu verkrampft. Es war okay, ich weiß, ein blödes Wort, aber was Besseres fällt mir nicht ein.“ So wie Collien geht es vielen jungen Frauen. Sie sind angespannt, und den meisten tut es auch weh, das erste Mal mit einem Mann zu schlafen.
Wenn du merkst, dass deine Partnerin verkrampft ist, kannst du ihr durch Streicheln und Küssen helfen, lockerer zu werden. Und bestimmt ist sie dankbar, wenn du ihr sagst, dass Sex mit ihr für dich immer schön ist – auch dann, wenn ihr nicht miteinander schlaft.
Ganz wichtig: Lass ihr die Zeit, die sie braucht! Wenn du deine Partnerin zu sehr drängst, denkt sie nämlich irgendwann, dass es dir nur um den Sex geht und nicht um sie – und dieses Gefühl können nur die wenigsten Frauen ertragen ...

Normal oder nicht?

siehe S. 74

Sex mit 13? Ganz normal, könnte man meinen, wenn man manche Leute reden hört. Viele Jungen und Mädchen denken, dass mit ihnen etwas nicht stimmt, wenn sie mit 14, 15 oder 16 noch keine sexuellen Erfahrungen haben. Vor allem Jungs geht es oft wie Olli: Es ist ihnen peinlich, wenn sie noch nie mit einer Frau geschlafen haben. Dabei gibt es weder das richtige Alter noch den richtigen Zeitpunkt. Manche Jungen erleben das erste Mal mit 14, andere mit 20 – und es ist kein Zeichen besonderer Männlichkeit, möglichst früh mit einem Mädchen zu schlafen! Lass dich also weder von deiner Clique noch von Zeitschriften oder vom Fernsehen unter Druck setzen! Wann du bereit bist, hängt ausschließlich von deinen Gefühlen ab – und die sind eben bei jedem anders.

INFO

sex & drugs?

Ob du Alkohol trinkst, Ecstasy nimmst oder Joints rauchst – all diese Drogen beeinflussen dein Lustgefühl. Deshalb solltest du beim Sex unter Drogen besonders zurückhaltend sein – denn im enthemmten Zustand läufst du Gefahr, Dinge zu tun, die du am nächsten Morgen vielleicht schon wieder bereust. Am besten bleiben jedoch Drogen deshalb immer ganz aus dem Spiel!

Christin und Tobias wurden für diese Fotostrecke von zwei Fotografen abgelichtet: CAROLINE MARTI (ALL ABOUT EVE) und THOMAS RUSCH (ALL ABOUT ADAM).

[wann, wo, wie, mit wem?]

Leider gibt es keine Erfolgsgarantie fürs erste Mal – aber immerhin ein paar hilfreiche Tipps. Hier sind sie:

_ Wann? Nur, wenn du es wirklich willst und sicher bist, dass das Mädchen es auch will. Du musst niemandem etwas beweisen – weder dir selbst noch ihr noch deinen Freunden!

_ Wo? Ideal ist eine vertraute Umgebung, zum Beispiel dein eigenes Zimmer, wenn deine Eltern verreist oder „eingeweiht" sind. Genauso gut eignet sich die Wohnung deiner Freundin, wenn ihr dort ungestört sein könnt. Nicht empfehlenswert sind Orte, an denen ihr jederzeit unterbrochen werden könnt, zum Beispiel auf einer Party, im Park oder im Auto. Das kannst du alles später mal ausprobieren – aber gerade das erste Mal ist auch ohne zusätzlichen Nervenkitzel schon spannend genug ...

_ Wie? Auch wenn's dir vielleicht peinlich ist, solltest du dem Mädchen sagen, dass es für dich das erste Mal ist. Nur wenn sie das weiß, kann sie sich darauf einstellen. Dass ihr euch um die Verhütung kümmert, dürfte klar sein.

_ Das Vorspiel ist für dich sicher nichts Neues. Erst wenn ihr beide durch ausgiebiges Streicheln, Liebkosen und Küssen richtig locker seid, solltet ihr miteinander schlafen. Frag deine Freundin, was ihr gefällt, wovor sie Angst hat – und sag ihr auch, was du gerne magst. Du tust weder ihr noch dir einen Gefallen, wenn du etwas mitmachst, was dir unangenehm ist. Und bitte keine Panik, wenn nicht gleich alles optimal läuft! Die Lust am Miteinander-Schlafen stellt sich ganz von selbst ein, wenn du ein bisschen mehr Erfahrung hast und relaxter bist.

Aufpassen reicht nicht, siehe S. 82

_ Mit wem? Am besten mit dem Mädchen, das du wirklich liebst und mit dem du eine feste Beziehung hast. Ein One-Night-Stand mit einer erfahreneren Frau hat den Vorteil, dass du ein bisschen herumprobieren kannst, ohne dich gleich zu binden.

INFO

Was du schon immer über Mädchen wissen wolltest, ...

... kannst du übrigens ganz einfach in Erfahrung bringen. Wirf ab und zu mal einen Blick in Hefte wie zum Beispiel Bravo Girl! – hier steht, was die Mädels wirklich beschäftigt. Spannend!

Kein Leistungsdruck!

Mach dir klar, dass du nichts „leisten“ oder „schaffen“ musst! Es ist überhaupt nicht schlimm, wenn es beim ersten Versuch noch nicht klappt, weil du vielleicht zu sehr unter Druck stehst. Denn Sex kann auch sehr viel Spaß machen, ohne dass ihr miteinander schlaft. Denk daran, dass du alle Zeit der Welt hast – und dass noch kein Meister vom Himmel gefallen ist ...

[verhüten – aber wie?]

_Peinlich? Unsinn! Das Thema Sex beginnt nicht mit dem Abstreifen der Klamotten, sondern: mit Reden.

„Ich dachte immer, Verhütung sei Frauensache. Habe mich nicht darum gekümmert, fand Kondome spießig und blöd – bis mein bester Freund mit 19 Vater wurde. Da wurde mir plötzlich klar, dass Verhütung auch für mich ein Thema ist."
Matthias, 21

Er spürte ihre zarte Haut. Ihren Busen, der sich seinen Händen förmlich entgegenstreckte. Ihre Scheide, warm und weich und wunderbar feucht. Prickelnde Lust strömte durch seinen Körper, als sie das Kondom über seinen Penis streifte – und dann war es so weit: Er drang in sie ein. Spürte, wie er eintauchte in die aufregendste Tiefe der Welt ...

Du bist total verrückt nach ihr. Kannst es kaum glauben, dass es ihr genauso geht. Dass sie jetzt wirklich neben dir liegt, dir zärtliche Dinge ins Ohr flüstert, dich küsst ... dass ihr gleich miteinander schlafen werdet. Du kennst sie kaum, aber eines weißt du, spürst du bis in die letzte Faser deines Körpers: Du willst sie. Jetzt.

Verhütung - ein Stimmungskiller?

Vielleicht kennst du sie – diese Augenblicke, in denen du am liebsten jede Vernunft vergessen würdest. Dich treiben lassen möchtest, einfach dahingleiten willst auf dieser wunderbaren Woge der Lust – ohne den Kopf einzuschalten. Ohne an Verhütung und an Schutz vor AIDS zu denken. Es sind die Momente, in denen dir plötzlich beschwichtigende Gedanken durch den Kopf ziehen: dass sie sich schon kümmern wird, dass sie bestimmt die Pille nimmt, dass du das Thema Verhütung jetzt nicht ansprechen kannst, weil du damit die Stimmung zerstören würdest ...

Mal ganz ehrlich: Oft sind das faule Ausreden. Aber auch, wenn du wirklich unsicher bist – gib dir einen Ruck und sprich das Thema an. „Ich hab's nur einmal erlebt, dass der Junge sich um die Verhütung gekümmert hat", berichtet Alexa, 21.

Auf die Typen, die alles den Frauen überlassen, ist sie nicht gut zu sprechen: „Ich finde es verantwortungslos, wenn sich die Jungs nicht um Verhütung und AIDS kümmern." Und so wie Alexa denken die meisten Frauen – unabhängig davon, ob es sich um eine Partybekanntschaft oder eine feste Beziehung handelt.

Verhütung geht euch beide an

„Ich finde es total wichtig, dass der Junge sich ein bisschen mit Verhütungsmitteln auskennt", sagt Alexa. Damit hat sie Recht. Denn indem du dich informierst und deine Freundin mit der Entscheidung über das geeignete Verhütungsmittel nicht alleine lässt, übernimmst du Verantwortung.

Verhüten ist Miteinander - Reden

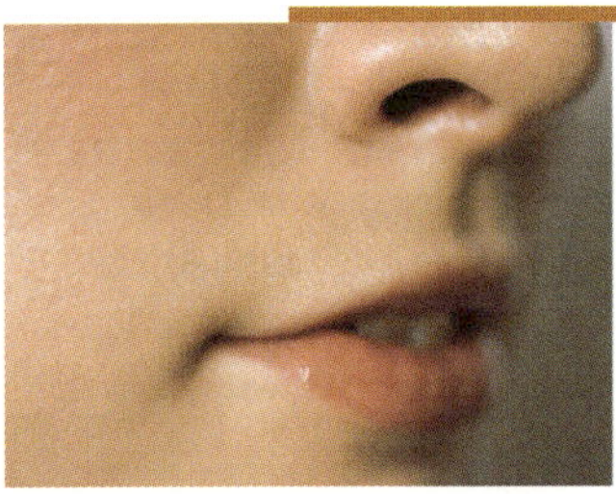

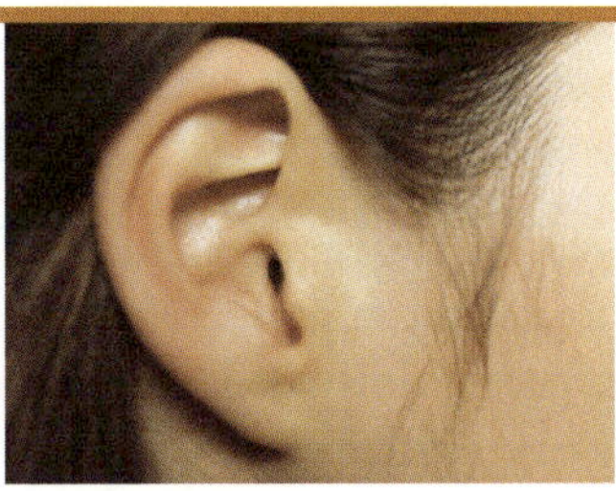

Verhütungsmittel & -methoden im Überblick

Kondom

Das **Kondom** bietet einen nur 85- bis 95-prozentigen Empfängnisschutz – was zur Vermeidung einer Schwangerschaft nicht ausreicht. Aber es bietet den einzigen wirksamen Schutz vor AIDS. Deshalb solltest du nie auf ein Kondom verzichten – auch dann nicht, wenn deine Freundin die Pille nimmt. Das Kondom wird über das steife Glied gezogen, so dass die Samenzellen nicht in die Scheide gelangen können. Kondome gibt's in Supermärkten, Drogerien und Apotheken – und im Automaten in öffentlichen Toiletten. Kosten: zwischen 0,50 bis 1,50 € pro Stück.

Pille

Wenn eine Frau täglich die **Pille** nimmt, bekommt sie keinen Eisprung und kann deshalb nicht schwanger werden. Die Pille in Verbindung mit dem Kondom (zum Schutz vor AIDS) ist eigentlich das ideale Verhütungsmittel für junge Mädchen. Warum? Weil sie eine mehr als 99-prozentige Sicherheit zu einem relativ günstigen Preis bietet (ca. 5 bis 17 € pro Monat; Mädchen bis 20 zahlen nur die Rezeptgebühr). Außerdem sind die Nebenwirkungen vergleichsweise gering.

Spritze

Ähnlich wie die Pille wirkt die **Dreimonatsspritze**. Dabei wird der Frau ein hormonelles Verhütungsmittel gespritzt, das drei Monate lang geringe Hormonmengen abgibt. Der Nachteil: Es treten häufiger Zyklusstörungen und Zwischenblutungen auf.
Kosten: ca. 25 €.

Mini-Pille

Sie bewirkt, dass sich der Schleim im Gebärmutterhals verfestigt. Dadurch können die Spermien nicht in die Gebärmutter gelangen. Die **Mini-Pille** ist etwa zu 97 bis 99 Prozent sicher. Es gibt sie für monatlich ca. 6 bis 17 € auf Rezept in der Apotheke; Mädchen unter 20 zahlen nur die Rezeptgebühr. Für junge Frauen eignet sich die Mini-Pille allerdings meist weniger gut als die Pille. Denn: Wenn die tägliche Einnahmezeit um mehr als drei Stunden überschritten wird, bietet die Mini-Pille an den folgenden beiden Tagen keinen zuverlässigen Schutz mehr. Außerdem treten vor allem zu Beginn oft Zwischenblutungen auf.

Implantat

Bei dieser Methode wird der Frau direkt unter der Haut des Oberarms ein kleines Hormonstäbchen eingesetzt. Das **Implantat** gibt drei Jahre lang ständig geringe Hormonmengen ab. Es wirkt ähnlich wie eine Mini-Pille, hemmt zusätzlich den Eisprung und bietet fast 100-prozentige Sicherheit, kann aber zu Unregelmäßigkeiten in der Periodenblutung führen. Das Implantat kostet für drei Jahre ca. 300 € und wird vom Frauenarzt eingesetzt.

Spirale

Sie besteht aus Kunststoff mit Kupferanteilen und wird vom Frauenarzt in die Gebärmutter eingelegt, wo sie maximal fünf Jahre bleiben kann. Die **Spirale** verringert die Beweglichkeit der Samenzellen und verhindert die Einnistung eines befruchteten Eis. Sie ist ziemlich sicher (ca. 98 bis 99Prozent). Das Einsetzen der Spirale ist für junge Frauen aber oft sehr schmerzhaft und es können vor allem zu Beginn Zwischenblutungen auftreten. Die Spirale kostet je nach Modell ungefähr 80 bis 130 €.

Intrauterin

Wie die Spirale wird das **Intrauterinsystem** in die Gebärmutter eingesetzt, wo es ca. fünf Jahre lang geringe Hormonmengen abgibt. Es gilt als sehr sicher (über 99 Prozent), ist aber sehr groß und deshalb für junge Frauen nicht optimal. Kosten: 230 bis 300 €.

Diaphragma

Das **Scheiden-Diaphragma** oder **Scheiden-Pessar** ist eine Art Gummihütchen, das in die Scheide eingeführt wird. Es soll verhindern, dass Samenzellen in die Gebärmutter eindringen, bietet aber nur einen etwa 80- bis 90-prozentigen Empfängnisschutz. Doch das ist nicht der einzige Nachteil. Das liegt daran, dass das Einsetzen des Diaphragmas gerade jungen Frauen oft nicht leicht fällt. Außerdem muss das Pessar nach dem Geschlechtsverkehr sechs Stunden lang in der Scheide bleiben, was vielen Mädchen unangenehm ist. Das Diaphragma muss vom Frauenarzt angepasst werden und kostet ca. 26 bis 37 €.

Kappe

Die **Portiokappe** besteht aus Latexmaterial. Sie wird nach der Periode auf den Muttermund (Portio) aufgesetzt und vor der nächsten Regelblutung wieder entfernt. Alternativ kann sie auch erst eine halbe Stunde vor dem Geschlechtsverkehr eingesetzt werden. Danach darf sie mindestens sechs Stunden lang nicht entfernt werden. Die Portiokappe muss vom Frauenarzt angepasst werden. Sie kostet ca. 30 € und bietet eine etwa 90-prozentige Sicherheit – deshalb: nicht empfehlenswert.

Cremes

Chemische Verhütungsmittel gibt's als Cremes, Schaumprodukte, Zäpfchen und Vaginaltabletten in Apotheken, Drogerien und Supermärkten. Die Mittel werden etwa zehn Minuten vor dem Geschlechtsverkehr in die Scheide eingeführt und sollen die Samenzellen abtöten – aber keines dieser Mittel bietet wirkliche Sicherheit! Die Mittel wirken aber zum Teil recht aggressiv, so dass sie die Scheidenflora angreifen können.

Rechnen

Die **Kalendermethode** zur Berechnung der fruchtbaren Tage der Frau ist ziemlich unsicher. Auch die Temperaturmethode, bei der die Frau durch Messen der Körpertemperatur den Eisprung feststellt, ist nicht zuverlässig genug. In Kombination mit der Schleimmethode, bei der anhand des Muttermundschleims die fruchtbaren Tage ermittelt werden, kann die Temperaturmethode zwar eine bis zu 95-prozentige Sicherheit bieten.
Bei allen natürlichen Verhütungsmethoden darf die Frau um den Eisprung herum mindestens sieben Tage lang keinen Geschlechtsverkehr haben oder muss dann anders verhüten. Für junge Mädchen ist es oft nicht leicht, sich daran zu halten. Daran ändern auch Messcomputer nichts, die die fruchtbaren bzw. unfruchtbaren Tage der Frau ermitteln.

INFO

Doch passiert?
Wenn du doch einmal ohne Verhütung mit einem Mädchen geschlafen hast – bloß keine Panik! Deine Freundin sollte möglichst bald ihren Frauenarzt oder ihre Frauenärztin anrufen und sich die „Pille danach“ verschreiben lassen. Wenn sie spätestens 48 Stunden nach dem Geschlechtsverkehr mit der Einnahme beginnt, verhindert die „Pille danach“, dass sich eine schon befruchtete Eizelle in der Gebärmutterschleimhaut einnistet. Weil die „Pille danach“ relativ große Hormonmengen enthält, kann es allerdings während der Einnahmezeit (vier Tage lang) zu Übelkeit und Erbrechen kommen.

Safer Sex

Sex kann stürmisch und leidenschaftlich sein. Zärtlich, sanft und liebevoll. Oder heftig und explosiv. Oder alles auf einmal. Und leider kann Sex auch gefährlich sein. Bitte vergiss nie, dich selbst und das Mädchen, mit dem du schläfst, zu schützen – vor einer Schwangerschaft, vor AIDS, vor anderen Krankheiten. Dann könnt ihr gemeinsam eintauchen in den heißen Strom der Lust – und euch treiben lassen ...

„MEIN ERSTES MAL“ ICH, COLLIEN, 19

_Liebling, Liebling, war ich gut?! Jetzt beugt er sich rüber. Ich spüre seinen Atem. Seine Lippen berühren meine. Sie sind weich und warm und voll. Ein ganz klein wenig öffne ich den Mund, eher unbewusst, da spüre ich seine Zungenspitze. Hart, fordernd dringt sie in mich ein. Ich schließe die Augen ... Cut.

„Cut“, ruft der Regisseur und plötzlich bin ich wieder wach. Um mich rum grinsen sie. Haben sie es gemerkt? Ich schaue Sascha an, mein Co-Model für diesen Werbespot. Er lächelt. Verschwörerisch? Spöttisch? Ich bin verunsichert. Einen Moment lang habe ich die Seiten gewechselt. Wurde aus meiner Filmrolle Realität. Noch ein wenig verwirrt gehe ich zur Garderobe, um mich umzuziehen. „Flirtet ein bisschen“, hat John, der Regisseur, gesagt und dann hat Sascha mich plötzlich geküsst. „Langsam“, hat John gerufen, „nicht so schnell, ganz langsam“, aber Sascha hat alles andere als ganz langsam gemacht.
Ich bin Tänzerin, bin es gewohnt, mit gut aussehenden Jungs auf der Bühne zu stehen. Viele sind eh schwul. Der hier scheinbar nicht. Groß, blond, blauäugig, das Klischee – zum Kotzen. Ein wenig bin ich sauer auf ihn. Gleichzeitig bewundere ich seine Dreistigkeit ... Es ist spät und der Dreh hat mittags um zwölf begonnen, jetzt ist es zwei Uhr. Nachts.

Sascha wartet vor meiner Garderobe, als ich weg will. Schüchtern fragt er: „Du, Collien, können wir uns morgen sehen, irgendeine Kleinigkeit essen?“, und sein Lächeln ist lieb und unschuldig und ich gebe ihm meine Handynummer.

und sein Lächeln ist lieb und unschuldig und ich gebe ihm meine Handynummer.

Ich persönlich habe das berühmte erste Mal nie als große Sache empfunden. Viele meiner Freundinnen machten sich einen Kopf darum. Da ist zum Beispiel diese Frage nach dem richtigen Alter. Zu jung? Schlampe! Zu alt? Mauerblümchen! Jungfrau oder junge Frau – was ist denn da bitte der Unterschied? Deshalb bleibt die Frage, wie alt ich damals war, mein ganz persönliches Geheimnis. Aber eins verrate ich: Viele, die behaupten, sie hätten schon, lügen. Mädchen, genau wie Jungs. Damals war mir das allerdings auch nicht so klar ...
Sascha rief an und lud mich zum Essen ein. Pizzeria, nicht besonders originell, aber damals war der Italiener schon die große weite Welt. Pizza Thunfisch und zum Nachtisch Sascha. Ich wusste, dass ich es wollte. Warum? Darum! Weil er süß war und: weil ich nicht in ihn verknallt war. Ja: nicht verknallt!

Ich lud ihn zum Kaffee zu mir ein, wir saßen auf dem Fußboden, dann lagen wir, dann zerrte er an meinen Sachen, und dann ging alles ganz schnell. Ich kann mich gerade noch an sein Parfüm erinnern. Und an noch etwas. An meine Erleichterung. Dieses Gefühl: „Wie, das war jetzt das superkomplizierte Ding, über das alle reden? Worüber sich alle so viele Gedanken machen? Warum eigentlich?“ Das erste Mal ist einfacher, als man denkt. Es passiert ganz von selbst. Bei meinem ersten Freund fühlte ich mich noch zu jung. Bei meinem zweiten wollte ich die Pille nicht und er kam mit dem Kondom nicht klar.

Sex ist etwas, das man lernen kann

Mit Sascha war der Zeitpunkt richtig. Ich wollte und so begannen wir danach eine kleine Affäre. Es war meine sexuelle Neugierde, das gebe ich heute zu! Sascha war sechs Jahre älter und von Mal zu Mal wurde es besser. Das klingt jetzt komisch, aber Sex ist auch etwas, das man lernen kann. Ich meine dabei guten Sex. Ich weiß, ihr Jungen denkt, ihr wärt dabei die Lehrer, aber tatsächlich lernt eine Frau von sich selbst. Sie erfährt ihren Körper, sie lernt sich zu entspannen, sie lernt zu verlangen. Deshalb kann sich ein Mann danach eigentlich grundsätzlich die Frage sparen: „Liebling, war ich gut?“

Collien ist die Sängerin von „Suco E Sol“. Mit ihrem Musikprojekt war sie schon in allen Teenie-Magazinen und hatte viele TV-Auftritte. **INFO**

[Danacee trifft die 3. Generation]

_blue4you spricht mit den Mädels von Danacee und den Jungs von der 3. Generation über Liebe, Sex und Partnerschaft

Nat, 21

Lernte in einem Plattenladen in Stuttgart den Musiker und Komponisten Thomilla kennen. Mit ihm und ihrer kleinen Schwester Sofi arbeitete sie lange am ersten Album.

Sofi, 17

Sie sang und tanzte schon mit 14 in Musikvideos. Sie hat ihre große Liebe noch nicht gefunden.

Darko, 24

Kommt aus Berlin, ist aber in einem kleinen Dorf namens Gospic in Kroatien geboren. Er ist der Leadsänger der Truppe.

Tolga, 21

Ebenfalls aus Berlin. Er stieß als Letzter zu der 3. Generation und ist hauptverantwortlich für den nötigen Schwung in den Reimen.

Julian, 19

Ist wie alle drei kürzlich wegen der Band von Berlin nach Stuttgart gezogen. Er lernte Darko schon sehr früh auf einer Party kennen.

Erinnert ihr euch ans erste Mal?

Julian: Klar. Ihre Eltern waren nicht da, wir beide wollten es unbedingt. Ich war total aufgeregt. Es war okay.

Nat: Ich hab damals gar nicht kapiert, dass es passiert ist. Es war nicht die Qual, es hat nicht wehgetan.

Darko: Bei mir war es auf einer Klassenreise. Wir waren im Zimmer der Mädchen und im oberen Etagenbett, während alle anderen im Zimmer waren, hat sie mich „entjungfert". Es hat nur eine Minute gedauert oder so. Es war die Hölle. Ich hatte Angst, dass ein Lehrer reinkommt oder jemand etwas mitkriegt.

Sofi: Mein erstes Mal ist noch nicht gewesen. Wenn es passiert, passiert es.

Was fällt euch zum Thema Quickie ein?

Julian: Quick, gibt es da nicht dieses Getränk? Kann amüsant sein, geht schnell.

Darko: Da sollte man sich beeilen, oder? Aber nur mit der Freundin, es muss etwas Besonderes sein. Wenn es grenzenlos abgeht, kann man den Quickie ausleben.

Sofi: Finde ich nicht gut. Wenn Sex, dann langsam und gefühlvoll.

Nat: Kann lustig sein, wenn der Hormonhaushalt überkocht. Ist aber nicht mein Ding.

Tolga: Quickie hat mit Risiko zu tun. Kann überall passieren. Fotofixmaschine, Keller...

Was ist in und out im Bett?

Sofi: Es sollte gar keine Tabus geben.

Nat: Ich bin da sehr beweglich. Was Spaß macht, ist erlaubt.

Julian: Angesagt ist schon mal: gewaschen sein. Alles andere ist Geschmackssache. Manche mögen es ja sogar behaart.

Tolga: Wenn man über den anderen so Bescheid weiß, dass es beiden Spaß macht, das ist in. Ich stehe auf Zärtlichkeit, Kuscheln, wenn es lange dauert. Ich bin keiner, der „Hoppeldihopp" macht. Sex ist nicht nur Rein - und - Raus.

Darko: Alles ist möglich, wenn es gefällt.

Sind Sex und Liebe dasselbe?

Darko: Sicherlich nicht! Es geht um Gefühl, Offenheit, Vertrauen. Oder es ist ganz klar abgesteckt, dass es nur Sex ist.

Julian: Männer wollen eher auch mal reinen Sex. Frauen sind da sensibler.

Nat: Ich glaube nicht, dass ich mit jemandem schlafen könnte, für den ich keine Gefühle habe. Ich brauche Feeling.

Tolga: Triebe und Liebe muss man trennen können. Wer triebgesteuert ist, lebt halt nur den Sex aus. Man kann ja auch nicht jeden Tag Currywurst essen.

Was macht euch an?

Nat: Flirten mit den Augen. Da fängt es bei mir an zu kribbeln.

Darko: Die Gesten einer Frau. Wie sie mit Menschen umgeht. Ich mag es, wenn ich jeden Tag um sie kämpfen muss, das reizt mich. Und ich mag es, wenn eine Frau etwas Geheimnisvolles hat.

Julian: Es geht mir nicht um tolles Aussehen. Das Äußerliche reicht ja nur für den ersten Blick.

Sofi: Romantik! Am besten im Urlaub: Strand, Sonnenuntergang, Soulmusik.

Ist das ein Thema: Ich bagger mir einen Promi an?

Sofi: Wenn er fragt: „Möchtest du was trinken?", finde ich das nett. Wenn dann kommt: „Und, wie ist das als Star?" kann er wieder gehen.

Tolga: Mir passiert es auch, dass mich ein Mädchen in der U-Bahn anspricht und einfach sagt, dass sie mich süß findet. Die raffen oft gar nicht, wer ich bin.

Julian: Auf jeden Fall. Du musst dich auf deine alten Freunde verlassen. Neue kannst du nur sehr schlecht einschätzen. Viele Mädchen sind echt gute Schauspielerinnen.

Darko: Meine Freundin hängt mir im Nacken, die haben also eh keine Chance. Wenn mich heute eine anspricht, merke ich: Für sie bin ich ein Star. Aber für mich ist das mein Leben.

Nat: Einige Typen möchten dich nur, weil sie einen Kontakt in die Musikbranche suchen.

Was ist Treue?

Nat: Absolute Monogamie.

Julian: Es gibt halt Menschen, die können nicht anders, die müssen fremdgehen. Dafür gibt es aber ja diese offenen Beziehungen. Das muss aber von Anfang an ehrlich gesagt werden und von beiden gewollt. Eine „Ganz-nett-und-ciao-Frau" habe ich allerdings auch noch nie erlebt.

Sofi: Ich sehe das mittlerweile locker. Ein Ausrutscher kann mal passieren. Treue ist, zu wissen, zu wem man gehört. Wenn das in Kopf und Herz klar ist, bleibt man automatisch treu.

Tolga: Vertrauen bedeutet Treue. Man behandelt seinen Partner, wie man selber behandelt werden möchte. Wenn du mit ihr Gedanken und Träume teilst, verstehst du sie auch und weißt, ob sie treu ist oder nicht.

[zu

sammensein]

S. 55 ◂

sie sah Björn zu, während er sich wieder anzog. Im letzten halben Jahr war es für sie selbstverständlich geworden, mit ihm zu schlafen, und es war immer sehr schön. Aber dieses Mal war es so gewesen wie noch nie. Die Erde hatte gebebt, so hieß das bei Hemingway, und das hätte sie ihm gern gesagt. Aber irgendwie traute sie sich nicht. Er war so weit weg, schien ihr.

Es klingelte an der Tür. Sie warf sich ihren Bademantel über. Michael, Björns bester Freund. Sie mochte ihn sehr gern, und sie hatten schon einige lustige Abende zu dritt miteinander verbracht, an denen er sehr deutlich erklärt hatte, wie begeistert er von Björn und ihr als Paar sei. Nur gerade jetzt jubelte sie nicht wirklich darüber, Michael zu sehen. Der lachte über ihren Aufzug im Bademantel. „Ich hoffe, ich störe nicht zu sehr. Kommt ihr noch mit in die Stadt? Björn hat gesagt, ich soll euch abholen." Das hatte sie gar nicht gewusst. Und sie hatte nicht die geringste Lust auszugehen, sie wollte mit Björn allein sein, nachdem sie sich so geliebt hatten.

Sie versuchte, sich nichts anmerken zu lassen. „Weißt du, ich glaube mir wird das heute Abend ein bisschen zu viel, Michael." Björn stand hinter ihr. „Ich würde wahnsinnig gern noch mal raus." Das kann ja wohl nicht wahr sein: Die Erde hat gebebt und der will jetzt einen lustigen Abend zu dritt? „Dann geh halt. Ich würde aber lieber hier bleiben, keine Lust, mich wieder anzuziehen, tut mir Leid." Geh jetzt nicht, bitte mach das nicht, ich will nicht allein bleiben. „Ist es denn okay, wenn ich mit Michael noch losziehe? Ich würde dich dann morgen früh zum Schwimmen abholen." Nein, das ist überhaupt nicht okay, der kann doch jetzt nicht wirklich weggehen. „Ja, das ist völlig okay. Schönen Abend euch beiden. Bis morgen dann." Nicht anfangen zu heulen jetzt, ganz cool bleiben. Komplimente von Michael: „Björn, du hast eine Super-Freundin! Weißt du, wie viele Mädchen zickig werden, wenn ihr Kerl ohne sie ausgeht?" Ich werd nicht zickig, wenn er ohne mich ausgeht, bloß nicht gerade heute! Björn, ganz stolz: „Ja, du bist wirklich großartig, ich find's ganz toll, dass du das verstehst. Ich muss heute einfach noch mal die Welt sehen. Ich liebe dich. Bis morgen." Was hab ich denn davon, großartig zu sein, wenn du mich jetzt allein lässt? „Ich dich auch. Viel Spaß. Ciao."

Und weg war er. Sie konnte die Stille nicht gut ertragen, deshalb stellte sie den Fernseher an. Ally McBeal sehnte sich mal wieder nach Kindern und nach dem Mann fürs Leben. Und kriegte es nicht mal auf die Reihe, mit irgendwem auszugehen. Ally McBeal hatte auch gesagt: „Frauen werden die Welt verändern, aber erst will ich heiraten." Sie wollte auch die Welt verändern, selbst wenn sie noch nicht genau wusste, wie das gehen sollte. Aber wollte sie heiraten? Kinder haben? Wie sollte man sich jemals mit einem Mann auf so was einlassen, wenn schon ganz andere Situationen einen völlig fertig machten? Wenn der, der einem eben noch das Gefühl gegeben hatte, untrennbar zusammenzugehören, auf einmal andere Bedürfnisse haben konnte? Die sie nicht kapierte? Was zum Teufel war los mit Björn?

Sie wählte seine Handynummer. Im Hintergrund lärmte eine fröhliche Kneipe und in ihr stieg plötzlich eine unbändige Wut hoch. „Wie konntest du weggehen, wie konntest du mich allein lassen, nachdem wir so miteinander geschlafen haben!" – „Hey, was ist denn los? Du hattest doch gesagt, es wäre in Ordnung. Und es muss doch möglich sein, dass einer auch mal allein ausgeht." Klar musste das möglich sein, sie war ja nicht bescheuert. „Aber nicht heute, verdammt." „Aber was ist denn heute so Besonderes?" – „Wir hatten gerade miteinander geschlafen." – „Ja, das war auch sehr schön." – „Warum verstehst du das nicht? Du hast doch auch gewusst, wie das Gedicht weitergeht." – „Das hab ich nicht gewusst. Das hat Anne mir gesagt." Sie legte auf. Scheiße. Sie hatte sich doch getäuscht.

Er hatte das Gedicht gar nicht gekannt. Er hatte nicht begriffen, dass sie damals einen Teil von sich selbst an seine Vespa gehängt hatte. Er hatte einfach nur Anne gefragt, und die hatte sich vermutlich totgelacht und spöttisch ein bisschen Schicksal gespielt, „total niedlich". Wieso hatte er ihr das gesagt? Wieso hatte er nicht gespürt, wie wichtig das für sie war?

Den Rest des Abends stand sie heulend am Fenster. Björn kam aber nicht. Am nächsten Morgen setzte sie eine Sonnenbrille auf und ging rüber zu Maren. „Kommst du mit zum Schwimmen?" Maren wollte nicht. Sie hatte auch total verquollene Augen, weil auch sie die ganze Nacht geheult hatte. Streit mit ihrem Freund, den sie erst seit einem Monat kannte. Und jetzt wartete sie auf ihn. Er kam aber nicht. Früher wäre jede von ihnen einfach hinübergegangen und hätte sich von der anderen trösten lassen. Heute machten sie das nicht mehr. Weil sie nicht stören wollten. Lass uns in die Sandkiste, Maren. Spielen, wie früher. Als alles noch nicht so kompliziert war. Lass uns zurückgehen, du darfst mich ruhig beißen, so viel du willst; das ist immer noch besser, als nicht Bescheid zu wissen, dass es dir schlecht geht. Bloß weil ein Junge wichtiger sein könnte. Natürlich sagte sie das nicht. Erwachsene Menschen sagen so was nicht zueinander. Sie grinste kläglich und verabschiedete sich mit dem Vorschlag, das nächste Mal doch lieber gemeinsam zu heulen.

Björn rief abends an. Er sagte, er könne ihr Verhalten nicht verstehen und es gebe überhaupt keinen Anlass für solche Szenen. Er sei einfach nur einen Abend mit seinem besten Freund ausgegangen, und das müsste ja wohl erlaubt sein. Und das mit dem Gedicht hätte er ihr verschwiegen, weil er sie nicht enttäuschen wollte. Aber es bedeute nichts für ihre Liebe, dass er Erich Fried nicht kennen würde. Das sei totale Mädchenkacke. Er hatte sogar Recht. Aus seiner Sicht. Und ihre eigene konnte sie ihm nicht begreiflich machen. Am nächsten Tag brachte er Rosen mit. Sie zickte rum und er beteuerte, wie sehr er sie liebte. So schnell wurde man also zum Abziehbild. Und dann versöhnten sie sich wieder und schliefen miteinander. Aber etwas war irgendwo in ihr kaputtgegangen. Und sie hatte keine Ahnung, was das zu bedeuten hatte.

▶ S.116

[wenn die anderen wichtiger sind]

_Manchmal kann ich Sabine kaum ertragen, wenn sie mit ihren Freundinnen zusammen ist. Sie verhält sich dann völlig anders als sonst, ist irgendwie total überdreht und abgehoben – und behandelt mich wie Luft.
Mark, 19

Es reichte. Er hatte genug davon. Keine Lust mehr, sich noch länger das alberne Gekicher der Mädchen anzuhören, das vom Wohnzimmer zu ihm herüberdrang. Und keine Lust, noch länger auf dem Balkon die Zeit totzuschlagen – in der Hoffnung, dass seine Abwesenheit irgendwann einmal irgendwem auffallen würde. „Was hast du denn?", würde sie bestürzt fragen. „Warum gehst du denn schon?" Er wusste nicht, was er darauf antworten sollte – aber eines wusste er sicher: Er würde gehen ...

Du liebst deine Freundin. Bemühst dich, für sie da zu sein, sie zu verstehen. Ihr das zu geben, was sie von dir braucht.
Und meistens gelingt dir das auch. Aber es gibt Momente, da läufst du innerlich Amok. Da packt dich die Wut, und am liebsten würdest du diesen ganzen Sentimentalkram von Liebe und Verständnis ein für allemal hinter dir lassen – und deine Freundin auch.
Der Grund dafür muss keine Auseinandersetzung, kein Streit gewesen sein. Konflikte sind schließlich zum Klären da. Was dich so aufregt, ist etwas ganz anderes: das Gefühl, dass sie dich zum Idioten macht. Dass sie dich wie Luft behandelt, dich missachtet und übergeht. Das hält der stärkste Mann nicht aus ...

Eifersucht, oder was?

Du bist wütend, fühlst dich bloßgestellt, wenn deine Freundin mit ihren Freundinnen Spaß hat – und dich dabei scheinbar vergisst. Du versuchst die Situation zu überspielen, dir deinen Ärger, deine

Wut nicht anmerken zu lassen. Aber du wirst sie nicht mehr los, die Frage: Was haben ihre Freundinnen, was ich nicht habe?
„Ich war immer das fünfte Rad am Wagen, wenn Sibylle mit ihren Freundinnen zusammen war", erzählt Peter, 21. Es hat lange gedauert, bis er begriff, dass dafür nicht Sibylle verantwortlich war, sondern er selbst. Peter studiert in München Germanistik. Als er Sibylle kennen lernte, hatte er gerade Semesterferien – und jede Menge Zeit. „Ich dachte: Super, dann können wir ja jeden Tag etwas unternehmen", berichtet Peter. „Aber Sibylle steckte mitten in der Abiturvorbereitung, hatte viel weniger Freizeit als ich – und wollte zwischendurch natürlich auch ihre Freundinnen sehen."

Frisch verliebt wie er war, dackelte Peter also ständig mit, wenn Sibylle ihre Freundinnen traf – und litt zunehmend darunter, dass ihr die anderen Mädchen genauso wichtig waren. Er war frustriert, interpretierte es als Mangel an Liebe, dass er ihr alleine nicht reichte ... und verstand erst nach einem klärenden Gespräch mit Sibylle, dass das Quatsch war. Dass er ihr nie ihre Freundinnen ersetzen konnte – und auch gar nicht sollte ...

INFO

Die Sache mit der Achtung

So verrückt es klingt: Wenn deine Freundin wirklich dir zuliebe ihre Clique aufgeben würde, nur noch für dich da wäre, dir jeden Wunsch von den Augen ablesen würde – dann würde etwas passieren, womit du vielleicht gar nicht rechnest: Du würdest die Achtung vor ihr verlieren! Denn wer will schon eine Ja-Sagerin, die keine anderen Interessen mehr hat?
Genauso sieht es Olli, 22, Botschafter für ALL ABOUT ADAM: „Wenn meine Freundin öfter ohne mich unterwegs ist, bleibt sie für mich interessant. Ich stelle mir dann vor, dass sie anderen Typen begegnet, denen sie auch gefällt, bin ein bisschen eifersüchtig – und genau das ist es, was ich brauche, damit es für mich nicht langweilig wird."

liebe

Mädchen sind anders ...

Dass deine Freundin ihre Freundinnen braucht, hat überhaupt nichts mit dir zu tun. Die meisten Klischees rund um Jungen und Mädchen sind nämlich wahr: Tatsächlich können die meisten Mädchen stundenlang über ihre Gefühle und Gedanken reden und dabei selbst das kleinste Detail noch ausführlich von allen Seiten beleuchten. Tatsächlich reicht es ihnen oft völlig, über ein Problem zu sprechen, ohne eine Lösung zu finden. Das Gespräch darüber hilft ihnen, ihre Gefühle zu sortieren und klarer zu sehen – während du wahrscheinlich schon ganz kribbelig wirst, weil du das Problem möglichst schnell aus der Welt schaffen willst. Tatsächlich lieben es die meisten Mädchen, alles, was sie tun, vorher, währenddessen und danach zu kommentieren ... Ein weiteres Klischee, das voll zutrifft: Viele Lieblingsthemen der Mädels sind für Jungen völlig uninteressant – zum Beispiel Klatsch, Klamotten und Psychokram.

Frauenpower

Kamen dir einige Beispiele bekannt vor? Sie sollten deutlich machen, weshalb und wofür deine Freundin ihre Freundinnen braucht: Sie sind ihr sehr ähnlich – und deshalb kann sie, wenn sie mit ihnen zusammen ist, wie in einem Spiegel vieles von sich selbst erkennen. Gemeinsam mit ihren Freundinnen entwickelt sie ihre Persönlichkeit – und ihre Weiblichkeit. Die Mädchen geben sich gegenseitig Halt und Stütze, sind füreinander da – wenn auch auf andere Art, als du es von dir und deinen Freunden kennst. Wenn deine Freundin also viel Zeit mit ihren Freundinnen verbringt, dann ist das die normalste Sache der Welt – die du nicht persönlich nehmen solltest.

INFO

Wann du Klartext reden solltest

Verständnis für deine Freundin ist wichtig – aber bitte nicht auf deine Kosten! Wenn sie dich links liegen lässt, womöglich sogar mit ihren Freundinnen über dich lästert oder deine Geheimnisse weitererzählt, musst du dich wehren. Sprich sie darauf an, sobald ihr wieder alleine seid, und sag ihr direkt, dass du dir ihr unfaires Verhalten nicht gefallen lässt.

Keiner nimmt dir was weg ...

Ihre Freundinnen und du – ihr seid für deine Freundin die wichtigsten Menschen auf der Welt. Die anderen Mädchen geben ihr das, was sie nur von Frauen bekommen kann.
Und du gibst ihr das, was nur du ihr geben kannst: deine Liebe, deine starke Schulter, dein Verständnis – und deine Anerkennung, die auch ihren Freundinnen gilt ...

[ist sie schwanger?

Plötzlich ist alles anders ...
_Lisa kam mir schon seit Tagen irgendwie komisch vor. Als sie mir dann erzählte, dass sie wahrscheinlich schwanger ist, hatte ich nur einen Gedanken: Das kann nicht wahr sein ...
Frank, 17

Ziellos lief er durch die Straßen. Geschäfte, Cafés, Imbissbuden – alles rauschte an ihm vorbei, ohne dass er es richtig wahrnahm. Nur eines sah er unwirklich groß: Zwei Typen von Menschen. Hier die Freien, Ungebundenen. Und dort die anderen: Väter mit Kinderwagen, Väter mit Kleinkindern, Väter mit Großfamilien ... zu denen er wahrscheinlich auch bald gehörte. Oder auch nicht. Aber das würden sie gemeinsam entscheiden, nachdem sie den Test gemacht hatte.

Irgendwann geht es dir vielleicht auch so: Du weißt nicht, ob deine Freundin schwanger ist. Eines vorweg: Wir wollen hier nur schildern, welche Gefühle ausgelöst werden. Beschreiben, wie es einem Jungen und einem Mädchen geht, die plötzlich der Wahscheinlichkeit ins Auge sehen müssen, dass sie Eltern werden. Wir wollen hier nicht über die verschiedenen Möglichkeiten reden, die es heute gibt, um das Problem zu lösen. Das könnten wir auch gar nicht – dafür gibt es Beratungsstellen mit ausgebildeten Leuten!

Ein Kind. Von mir?

Kann nicht sein, denkst du. Völlig unmöglich. So was passiert nur anderen. Du hoffst, dass es falscher Alarm ist. Deine Gefühle spielen verrückt. Schlagworte schwirren dir durch den Kopf: Den Tatsachen ins Auge blicken. Die Verantwortung übernehmen. Sicherheit bieten.

Deine beruflichen Träume aufgeben. Deine Freiheit opfern. Familienvater werden. Oh Mann! Väter – das sind doch total andere Menschen. So wie dein eigener. So willst du nicht werden. Nie!

Schon läuft der nächste Film in deinem Kopf ab. Du siehst leuchtende Kinderaugen und kleine Ärmchen, die sich dir entgegenstrekken ... Du hörst ein leises Stimmchen „Papa“ sagen und spürst ein warmes, zerbrechliches, schutzbedürftiges Wesen in deinen Armen. Dein Kind.

„Ich bin doch selbst noch nicht erwachsen!“

Du schiebst die Gedanken weg. Das Grübeln bringt ja doch nichts. “Ich fühle mich selbst noch gar nicht richtig erwachsen“, sagt Michael, 17, Schüler. “Wie soll ich denn da die Vaterrolle übernehmen?“

So wie Michael geht es vielen. Jedes Jahr werden in Deutschland etwa 4. 500 bis 5. 000 minderjährige Mädchen Mütter. Die Anzahl der Väter unter 18 taucht dagegen in keiner Statistik auf – aber vermutlich sind es ungefähr genauso viele. Ganz zu schweigen von den vielen volljährigen jungen Eltern, die sich ihrer Rolle noch nicht gewachsen fühlen.

INFO

Schwanger oder nicht?

Die einfachste und sicherste Antwort auf diese Frage gibt ein Schwangerschaftstest. Deine Freundin kann den Test vom Frauenarzt machen lassen oder ihn selbst durchführen. In Deutschland gibt es Schwangerschaftstests in Apotheken und Drogeriemärkten, in der Schweiz bekommt man sie auch in Supermärkten. In Österreich dürfen die Tests nur in Apotheken verkauft werden. Natürlich kann man Schwangerschaftstests auch übers Internet bestellen.

Die meisten Tests weisen das Schwangerschaftshormon hCG frühestens an dem Tag nach, an dem die Frau normalerweise ihre Tage bekommen würde. Es gibt zwar auch Tests, die man schon früher anwenden kann – aber ihre Zuverlässigkeit ist umstritten. Fast alle Tests funktionieren nach dem gleichen Prinzip: Ein Teststreifen wird in den Urinstrahl gehalten. Nach wenigen Minuten zeigt ein Kontrollfeld an, ob die Frau schwanger ist oder nicht.

Wie konnte das passieren?

Stefan, 21, lebt in einer bayerischen Kleinstadt. Eine Woche lang wussten der Versicherungskaufmann und seine Freundin nicht, ob sie ein Kind bekommen würden. Stefan erinnert sich: „Als Petra ihre Tage nicht bekam, fiel uns der eine Abend wieder ein. Petra hatte mich gestreichelt und verwöhnt. Als ich zum Höhepunkt kam, waren Petras Oberschenkel plötzlich ganz nass von der Samenflüssigkeit. Eigentlich konnte sie dabei ja nicht schwanger geworden sein ... oder doch?“

Möglich ist alles. Es gibt viele Geschichten von Mädchen und Frauen, die beim Petting schwanger geworden sind. In anderen Fällen ist das Kondom gerissen, das Pessar verrutscht – und sogar wer die Pille nimmt, kann schwanger werden. Sicher ist nur eins: dass es keine hundertprozentige Sicherheit gibt.

Bei Stefan und Petra war es falscher Alarm. Petra hat ihre Tage mit einer Woche Verspätung bekommen. „Zum Glück!“, sagt sie. „Sieben Tage sind ja eigentlich nicht lang. Aber sieben Tage mit dieser Angst dauern ewig.“

High und down

Angst und Hoffnung, Hilflosigkeit und Freude ...

Alles war anders, seit sie glaubte, schwanger zu sein. Befürchtete, schwanger zu sein. Hoffte, schwanger zu sein. Zum hundertsten, zum tausendsten Mal glitten ihre Hände über ihren Bauch. Fühlte er sich anders an als sonst? Sie wusste nicht, ob sie es sich wünschte oder nicht. In ihr tobten die widersprüchlichsten Gefühle: Angst und Hoffnung, Hilflosigkeit und Freude ...

Wenn deine Freundin vermutet, dass sie schwanger ist, erlebt sie eine Berg- und Talfahrt der Gefühle. Sie hat Angst vor der Zukunft, vor der Mutterrolle – und wünscht sich gleichzeitig genau das, was sie befürchtet. Sie will nicht dick, unförmig und plump werden – und sehnt sich zugleich danach, ein Kind in sich heranwachsen zu spüren. Sie hat Angst davor, dass nichts bleibt, wie es war. Dass sich ihr ganzes Leben verändern wird. Und freut sich irgendwie doch darauf. Sie hofft, schwanger zu sein. Sie hofft, nicht schwanger zu sein. Und das oft im Sekundentakt.

Eines ist klar: Jetzt braucht deine Freundin dich!

Die Frage verfolgt sie und lässt sie nicht in Ruhe: Jetzt musst du bei ihr sein, darfst sie nicht alleine lassen.

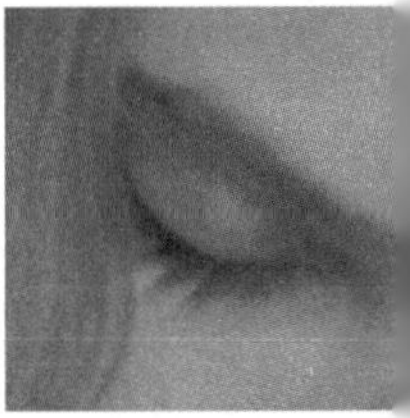

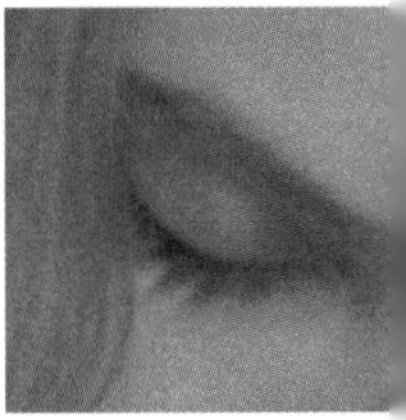

Was tun, wenn ...?

Wenn deine Freundin sich dir anvertraut, macht sie sich damit sehr verletzlich. Sie hat vielleicht Angst, dass du das Kind nicht willst, dass du sie jetzt weniger liebst oder womöglich sogar verlässt. „Oliver und ich waren erst seit zwei Monaten zusammen, als ich den Verdacht hatte, schwanger zu sein", berichtet Steffi, 18, Schülerin. „Ich hatte noch nie einen Mann so geliebt wie ihn – und jetzt hatte ich unglaubliche Angst. Dass er mir Vorwürfe machen, mich verlassen würde. Dass das große Glück schon wieder vorbei sein könnte."

All das ist nicht passiert. „Natürlich war ich erleichtert, als sich herausstellte, dass Steffi doch nicht schwanger war", sagt Oliver, 19. „Aber ich hätte sie deshalb auf keinen Fall verlassen. Zum Schwangerwerden gehören schließlich zwei. Ich bin nicht der Typ, der sich einfach aus dem Staub macht."

Leider gibt es auch Jungs, die das anders sehen. Die tatsächlich abhauen, das Mädchen mit der Entscheidung allein lassen, ob sie das Kind bekommt oder nicht.

Und du?

Während die Gefühle deiner Freundin Achterbahn fahren, denkst du vielleicht schon über praktische Lösungsmöglichkeiten nach – zum Beispiel darüber, wie du an eine günstige Wohnung kommst oder wie du es deinen Eltern beibringst. Deine Gedanken rotieren – aber: Halt! Bitte lass deiner Freundin Zeit und Raum für ihre Gefühle. Sie braucht jetzt vor allem dein Verständnis, deine Unterstützung – und deine Fähigkeiten im Krisenmanagement.
An wen könnt ihr euch wenden, bei wem könnt ihr euch Rat und Hilfe holen, wie sieht eure Entscheidung überhaupt aus?
Das alles ist viel für dich. Sehr viel. Denn eigentlich hast du genug mit dir selbst zu tun. Überlegt gut, wem ihr euch anvertrauen wollt. Echte Unterstützung bekommt ihr von guten Freunden oder Freundinnen und bei Schwangerschafts-Beratungsstellen.

INFO

Was tun, wenn sie schwanger ist?

Wenn deine Freundin schwanger ist, solltet ihr euch an eine Schwangerschafts-Beratungsstelle wenden. Dort bekommt ihr auch dann Rat und Unterstützung, wenn ihr das Kind nicht haben wollt.
Ein Schwangerschaftsabbruch ist in Deutschland nur nach einer ausführlichen Beratung erlaubt. In Österreich besteht bis zur zwölften Schwangerschaftswoche keine Beratungspflicht, aber Minderjährige benötigen für eine Abtreibung die Zustimmung ihrer Erziehungsberechtigten. In der Schweiz darf ein Schwangerschaftsabbruch nur dann durchgeführt werden, wenn die Schwangere ernsthaft gefährdet ist.

Welche Schwangerschafts-Beratungsstellen es in eurer Nähe gibt, erfahrt ihr bei der Stadt- oder Gemeindeverwaltung, bei Familienberatungs-Organisationen und bei der Caritas.

Deutschland: Pro Familia: 069 / 63 90 02, **www.profamilia.de**
Caritas: 0761 / 20 00, **www.caritas.de**
Österreich: Familienberatung in Österreich: 0800 / 24 02 62, **www.bmsg.gv.at**
Caritas: 01 / 587 15 77, **www.caritas-austria.at**
Schweiz: Hilfs- und Beratungsstelle „Schwanger, ratlos – wir helfen“: 031/ 961 27 27, **www.schwanger-wir-helfen.ch**
Caritas: 041 / 419 22 22, **www.caritas.ch**

Ob und wann du deinen Eltern etwas erzählen willst, hängt von eurem Verhältnis ab.
Denk daran, dass es jetzt im Moment um dich geht und nicht um sie.

eltern

Step by step ...

„Ich war erst einmal ganz schön überfordert, als Petra mir von ihrer Vermutung erzählt hat“, berichtet Stefan. „Wahrscheinlich hätte ich sie einfach nur in den Arm nehmen und für sie da sein sollen. Aber ich bin doch kein Übermensch!“

Kein Junge kann sich auf Knopfdruck in den perfekten Familienvater verwandeln. Das sollst du auch gar nicht. Auch du brauchst Zeit für die Umstellung, für deine Gefühle und Gedanken. Wir wollen dir hier nur helfen, die Mädchen besser zu verstehen – und auch dann verständnisvoll auf deine Freundin einzugehen, wenn sie dir einmal etwas Wichtiges mitzuteilen hat ...

„IMMER DIE ANDEREN ...“ ICH, ADRIANA, 17

Liebe mit der Stoppuhr?
_Es hat doch nichts mit Liebe zu tun, wie viel Zeit man miteinander verbringt. Liebt dich jemand, der dich immer und überall sehen will, mehr als jemand, der nicht jeden Tag Zeit hat? Wenn es nämlich so wäre, könnte man Liebe mit einer Stoppuhr messen.

das Thema hat immer zwischen uns gestanden. Unausgesprochen war es bei jedem Telefonat zu spüren. Hendrik ist unzufrieden. Aber er hat nie etwas gesagt. Bis zu diesem Samstag, der eigentlich ein rührender Abschiedstag werden sollte. Seit sieben Monaten sind wir zusammen. Heute muss er zum Bund. Wir haben uns getroffen, und er will diskutieren. Jetzt wird mir das erste Mal klar, dass er wirklich darunter leidet. Darunter, dass ich nicht jede freie Minute nur mit ihm verbringe ...

Hendrik wohnt in einem anderen Stadtteil, ich gehe noch zur Schule und lerne viel. Dazu noch mein Job: Jeden zweiten Tag arbeite ich in einer Eisdiele. Da bleibt nicht viel Zeit. Hendrik ruft oft an, um zu fragen, ob wir gemeinsam etwas unternehmen wollen. Ich sehe ihn etwa zwei-, dreimal die Woche und ich finde, das reicht. Ich treffe mich ja nicht mit anderen Jungs, wenn er nicht da ist, ich möchte nur auch Zeit für mich und meine Freunde haben. Die sind mir genauso wichtig! Das versteht Hendrik nicht: Für ihn bedeutet eine Beziehung, dass beide als Erstes versuchen, den Tag mit dem anderen zu verbringen. Freunde sieht man dann nur, wenn der Partner mal nicht kann. So läuft das bei mir aber nicht.

Ich habe versucht, Hendrik in meinen Freundeskreis miteinzubeziehen. Das ging nach hinten los. Zuletzt auf einer Geburtstagsparty einer Freundin: Hendrik wollte partout mit. Und saß dann den ganzen Abend alleine in der Ecke, hat mit niemandem geredet, nur schlechte Laune verbreitet. Und hinterher musste ich mir anhören, ich hätte mich nicht um ihn gekümmert.

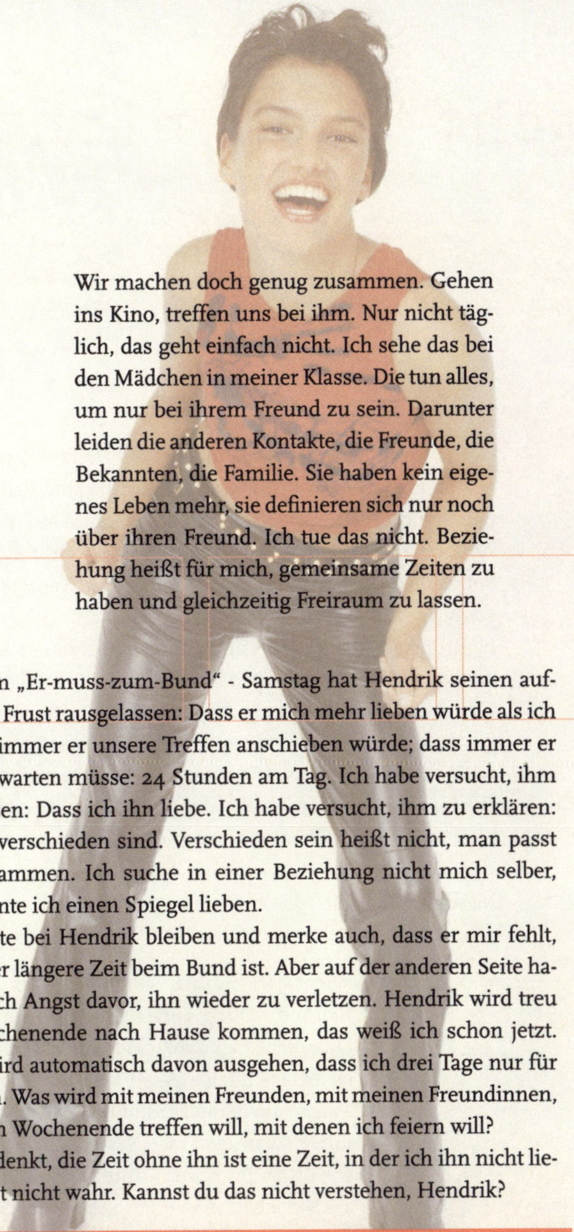

Wir machen doch genug zusammen. Gehen ins Kino, treffen uns bei ihm. Nur nicht täglich, das geht einfach nicht. Ich sehe das bei den Mädchen in meiner Klasse. Die tun alles, um nur bei ihrem Freund zu sein. Darunter leiden die anderen Kontakte, die Freunde, die Bekannten, die Familie. Sie haben kein eigenes Leben mehr, sie definieren sich nur noch über ihren Freund. Ich tue das nicht. Beziehung heißt für mich, gemeinsame Zeiten zu haben und gleichzeitig Freiraum zu lassen.

An diesem „Er-muss-zum-Bund" - Samstag hat Hendrik seinen aufgestauten Frust rausgelassen: Dass er mich mehr lieben würde als ich ihn; dass immer er unsere Treffen anschieben würde; dass immer er auf mich warten müsse: 24 Stunden am Tag. Ich habe versucht, ihm zu beweisen: Dass ich ihn liebe. Ich habe versucht, ihm zu erklären: Dass wir verschieden sind. Verschieden sein heißt nicht, man passt nicht zusammen. Ich suche in einer Beziehung nicht mich selber, dann könnte ich einen Spiegel lieben.
Ich möchte bei Hendrik bleiben und merke auch, dass er mir fehlt, jetzt, wo er längere Zeit beim Bund ist. Aber auf der anderen Seite habe ich auch Angst davor, ihn wieder zu verletzen. Hendrik wird treu jedes Wochenende nach Hause kommen, das weiß ich schon jetzt. Und er wird automatisch davon ausgehen, dass ich drei Tage nur für ihn da bin. Was wird mit meinen Freunden, mit meinen Freundinnen, die ich am Wochenende treffen will, mit denen ich feiern will?
Hendrik denkt, die Zeit ohne ihn ist eine Zeit, in der ich ihn nicht liebe. Das ist nicht wahr. Kannst du das nicht verstehen, Hendrik?

Adriana geht zur Schule und liebt es, mit ihrer besten Freundin abends auszugehen. Flirten? Aber immer, aber bitte clever, Jungs!

INFO

[mischt euch nicht ein]

_Du bist verliebt. Du bist verabredet. Heute Nacht willst du bei ihr schlafen. Du könntest singend und kreischend die Straße entlanghüpfen. Und dann sagt deine Mutter: „Kommt überhaupt nicht in Frage. Außerdem passt die nicht zu dir."

das kann nicht wahr sein, denkst du. Deine Eltern können dich einfach nicht in Ruhe lassen. Okay, sie sind deine Eltern, sie haben dich behütet, bepflastert, getröstet und auf dich aufgepasst. Aber jetzt, verdammt noch mal, sollen sie dich in Ruhe lassen. Du bist verliebt! Und natürlich passt sie zu dir. Wenn sie nicht zu dir passen würde, wärst du nicht verliebt. Oder?

Eltern neigen dazu, sich ständig einzumischen, na klar, denn sie kennen dich ja ihrer Meinung nach am besten. Glauben sie. Manchmal stimmt es auch. Und, na klar, wollen sie nur das Beste für dich. Aber oft genug ist das Beste aus ihrer Sicht nicht das, was du für das Beste hältst. Die blue4you-Diplompsychologin Maike Carrels weiß: „Es kann zwei verschiedene Gründe dafür geben, dass Eltern sich einmischen.. Einmal tragen sie ja nach wie vor die Verantwortung. Und so komisch das klingt: Sie haben was davon. Nämlich Einfluss. Oder aber sie betrachten ihr Kind als selbstständigen Menschen und wollen einfach, dass es ihm gut geht."

Wichtig ist für dich, herauszufinden, warum deine Eltern dir Dinge vorschreiben wollen, die du dir einfach nicht mehr vorschreiben lassen willst. Warum sie dir erzählen, deine Freundin passe nicht zu dir. Mögen sie deine Freundin vielleicht nicht? Passt ihnen sozusagen ihre Nase nicht? Ist es ihnen egal, wie du zu ihr stehst – ihrer Meinung nach hat dieses Mädchen in deinem Leben nichts zu suchen. Oder kannst du dir vorstellen, dass deine Eltern dich so gut kennen, dass sie wirklich einen guten Grund haben zu glauben, sie passe nicht zu dir?

Letzteres ist der bessere Fall für dich. Denn dann akzeptieren dich deine Eltern durchaus als eigenständige Persönlichkeit und wollen wirklich das Beste für dich. Wenn Kinder erwachsen werden, anfangen, eigene Wege zu gehen – die nicht immer die Wege sind, die Eltern sich wünschen – ist das für beide eine anstrengende Zeit. Eltern müssen ihren Kindern mehr Verantwortung für ihr Leben überlassen und können im besten Fall noch mit ihren Kindern darüber reden. Und Kinder – oder Jugendliche – müssen sich gegen ihre Eltern auflehnen, ihren eigenen Weg finden. Und das ist nicht immer einfach.

Unsere Psychologin Maike Carrels: „Eltern sollten ihre Kinder Fehler machen lassen. Sonst können sie nicht erwachsen und verantwortungsbewusst werden. Wenn sie vermeintliche Fehler verhindern, kann ihr Kind nicht daran reifen und vor allem nicht daraus lernen. Außerdem wird es sich abschotten und nichts mehr erzählen – aus Angst, wieder etwas verboten zu bekommen." Denn sich abzunabeln und eigene Entscheidungen zu treffen, das muss sein. Und das wird auch passieren, egal, wie quer sich Eltern stellen. Am besten ist es, wenn du mit deinen Eltern redest. Immer wieder. Damit sie das Gefühl haben, dass du ihnen nicht entgleitest. Damit sie wissen, mit wem du deine Zeit verbringst, damit sie sich keine Sorgen machen.
Warum mischen sich deine Eltern überhaupt ein? Warum können sie dich nicht in Ruhe lassen? Noch einmal: Sie haben einfach Angst davor, keinen Einfluss mehr auf dich und deine Entwicklung zu haben. Angst davor, dass du etwas tust, was nicht gut für dich ist. Aber wenn du sie teilhaben lässt an dem, was du denkst und was du fühlst, wenn du sie teilhaben lässt an deinen Erlebnissen, Ängsten und Freuden, dann kann es gut sein, dass sie sich nicht mehr einmischen, sondern – Anteil nehmen. Und natürlich auch mal ihre Meinung sagen. Das ist etwas völlig anderes. Du wirst es auch völlig anders empfinden.
Eltern haben manchmal auch einfach Probleme damit, wenn ihre Kinder anfangen, eigene Wege zu gehen, eigene Entscheidungen zu treffen und diese auch umzusetzen. Sie mögen ungern akzeptieren, dass du erwachsen wirst, dass du sie nicht mehr so brauchst.

„Ein Junge glaubt sofort, man ist scharf auf ihn, nur weil man mal lächelt oder über ihn lachen muss. Ich glaube, Freundschaft existiert für die nur gleichgeschlechtlich.“
Christin, 19, Schülerin und blue4you-Botschafterin

„Liebe ist nicht Sex, Sex ist nicht Liebe. Aber es ist wie im siebten Himmel, wenn eins zum anderen kommt.“
Madonna, Popstar

„Jungs sind total überforder wenn du die Initiative ergreifst. Bei meinem Freun habe ich das getan. Wir saßen im Auto, es regnete. Ich habe ihn einfach niedergeknutscht. Er war völlig ba Aber wir sind immer noch zusammen.“
Jessica Simpson, Sängerin

„Jungs sollten die Kunst des Flirtens wiederentdecken. Die Sprüche, die mir zuletzt begegnet sind, sind meist sehr platt gewesen. Typen, die mit bescheuertem Aufreißergehabe ankommen, sollten vielleicht lieber Schuhe verkaufen.“
Rike, 21, Schauspielerin und blue4you-Botschafterin

„Traummann? Das ist doch nur eine Illusion. Ein schöner Traum. So was klappt nie. Es ist besser, du begegnest ihm nie.“
Gwyneth Paltrow, Schauspielerin

„Es ist immer das Gleiche: ständiges Angraben und Abschleppen. Das ist doch das Einzige, woran Jungs denken. Aber an einer Affäre bin ich nicht interessiert. Entweder Liebe oder gar nichts.“
Amela, 18, blue4you-Botschafterin

„Der Schlüssel zu einer guten Beziehung ist meiner Meinung nach Respekt vor dem Partner und die Fähigkeit zur Kommunikation. Darum ist es auch mit Männern so schwer!“
Sandra Bullock, Schauspielerin

„Es gibt keine Liebe für immer. Ich hatte drei Beziehungen und jeden habe ich abgöttisch geliebt. Aber nie hatte ich erwartet, es würde ewig halten. Die wahre Liebe ist zwar das, wonach alle suchen, aber mit Jungs geht das eben nicht.“
Milla Jovovich, Schauspielerin

„Jungs wissen genau, dass sie immer den Vorteil haben, dass jüngere Mädchen auf sie stehen. Wenn du 15 bist, interessierst du dich für 18-jährige Jungs. Das nutzen die natürlich aus. Die können ja mit dir machen, was sie wollen. Du bist jung, du hast ja keine Ahnung.“
Grit, 17, blue4you-Botschafterin

„Jungs lieben es doch, wenn ihre Freundinnen alles für sie tun. Die brauchen dieses devote Verhalten, dass sich alles nach ihnen richtet. Das hat vermutlich was mit überaltetem Rollendenken zu tun.“
Adriana, 17, blue4you-Botschafterin

's gibt einfach wenige Jungs, die mit folg bei ihrer Freundin klarkommen. eiräume zu lassen, ist in der Liebe wohl hr schwer. Man muss sich eben arran- eren. Das können Jungs nicht. Darum tte ich seit zwei Jahren keinen Freund ehr. Ich möchte auch keinen, wenn es cht total stimmt. Na ja, oder vielleicht n Affleck. Da würde ich dann ein Auge drücken.“
itney Spears, Sängerin

„Jungs sind so unterschiedlich. Wenn sie mit ihren Freunden abends unterwegs sind, geben sie die ultracoolen Helden der Nacht. Aber wenn du sie für dich alleine hast, sind sie dann doch meist ziemliche Weicheier und tun alles für dich. Warum gibt es keinen goldenen Mittelweg?“
Imke, 22, blue4you-Botschafterin

„Es klingt langweilig, aber wo sind die Jungs, mit denen man einfach nur abhängen, Videos sehen und kuscheln kann? Die gibt es nicht mehr, glaube ich. Ich stehe nicht auf harten Sex!“
Alicia Silverstone, Schauspielerin

Schlaf nie mit einem Boy, der mehr robleme als du selbst hat.“
haron Stone, Schauspielerin

[her

schmerz]

S. 97

sie hatte keine Ahnung, was das zu bedeuten hatte. Aber nach diesem Vorfall vor zwei Monaten zog sie sich ziemlich zurück. Björn sah sie nur noch am Wochenende, unter der Woche kümmerte sie sich um die Schule, schrieb Gedichte für die Schulzeitung und ging zum Reiten. Außerdem hatte sie angefangen, zwei Nachmittage in der Woche in dem Szene-Café zu kellnern, schließlich wollte sie ihren Eltern nicht mit allem auf der Tasche liegen.

Björn akzeptierte die Distanz, die sie zwischen ihnen geschaffen hatte. Er war lieb zu ihr, besuchte sie manchmal spontan bei der Arbeit im Café und schien mit der Situation weiter kein Problem zu haben. Das kränkte sie. Sie hatte sich wohl wirklich getäuscht. Sie war nicht mehr fröhlich, wenn sie mit ihm zusammen war. Sie schliefen gelegentlich noch miteinander, aber es war kaum noch Zärtlichkeit zwischen ihnen. Es gab keinen Streit, aber mit spöttischen Bemerkungen versuchte sie, ihn zu treffen. Und irgendwann hatte selbst Michael keine Lust mehr, so unerfreuliche Abende zu dritt zu verbringen.

Eines Tages erzählte Maren, dass sie im zwölften Jahrgang für ein Jahr als Austauschschülerin in die USA gehen würde. „Willst du das nicht auch machen? Wir könnten uns in dem Jahr besuchen und, wenn wir zurück sind, zusammen lernen, um den Unterrichtsstoff nachzuholen." Sie grübelte. Sie hatte immer ins Ausland gewollt. Aber Björn für ein Jahr verlassen? Vielleicht hatte sie sich ja doch nicht in ihm getäuscht. Aber ihm war es doch offensichtlich egal, wie oft sie einander sahen. Sie verstand ihn nicht. Sie suchte die Nähe eines Klassenkameraden. Benjamin war in letzter Zeit immer mehr zum Außenseiter geworden, weil er meistens bei den Mädchen stand. Natürlich gingen schon die ersten Gerüchte los, schwul und so, aber sie hatte das Gefühl, dass Benjamin der Einzige war, mit dem sie noch wirklich reden konnte. Vielleicht würde sie irgendwann den Mut aufbringen, ihn zu fragen, was er von der Geschichte mit Björn hielt. Aus männlicher Sicht.

Sie besorgte sich die Bewerbungsunterlagen für das Austauschjahr in den USA. Wenn sie sich anstrengte, könnte sie ein Stipendium dafür bekommen. Sie füllte die Papiere aus und pfefferte sie in die hinterste Ecke vom Kleiderschrank.

Björn rief an. Er sagte ihre Verabredung für diesen Abend ab. Er habe zu viel zu tun. Arschloch. Sie ging zu Maren rüber, um über die Bewerbungsunterlagen und die geplatzte Verabredung mit Björn zu reden. Vielleicht könnten sie mal zusammen ins Theater gehen, das hatten sie so lange nicht mehr gemacht. Maren hatte keine Zeit. Ihr Freund saß schon im Auto und hupte ungeduldig. Benjamin klang am Telefon etwas irritiert über den Vorschlag, mit ihr auszugehen. Nein, er habe eigentlich keine Zeit, er sei im Internet unterwegs. Also die Wand anglotzen. Auch gut.

Zwei Stunden später klingelte das Telefon. Bestimmt Björn, der es sich doch noch anders überlegt hatte. Es war Maren. „Du, ich weiß nicht, ob es richtig ist, dir das zu sagen. Björn hat tatsächlich viel zu tun. Er sitzt hier im Café. Mit einem Mädchen, das ich nicht kenne."

story

Sie fühlte gar nichts. Ein anderes Mädchen also. Und auch noch dort, wo sie arbeitete. Wo alle sie kannten. So einfach warf er ihre Geschichte weg. So leicht fiel es ihm, sie anzulügen und lächerlich zu machen. Sie riss sich die Kette vom Hals, die er ihr zum Geburtstag geschenkt hatte, und schmiss sie in den Mülleimer. Dann zog sie den kürzesten Minirock an, den sie finden konnte, malte die Lippen knallrot und machte sich auf den Weg ins Café. Sie entdeckte die beiden sofort. Björn hatte ein neues Hemd an und sah unglaublich gut aus. Er sagte etwas und das Mädchen, das ihm gegenüber saß, lachte mit funkelnden Zähnen. Es war ein sehr schönes Mädchen. Ein zum Kotzen schönes Mädchen. Es war Anne.

Keiner von den beiden hatte sie gesehen. Sie wollte sich einfach umdrehen, unbemerkt verschwinden. Allein sein. In die USA gehen. Die Welt verändern. Auf ihre Weise. Aber eine geheimnisvolle Fernsteuerung hatte von ihr Besitz ergriffen. Wie auf Eis ging sie zum Tisch, nahm Björns Glas und kippte ihm den Rotwein über das neue Hemd. Und dann schrie sie. Sie schrie und das ganze Café verstummte. Sie schrie vom Bus und der Vespa, vom ersten gemeinsamen Ausritt, vom Miteinanderschlafen, von der Hoffnung, die sie gehabt hatte. Vom Vertrauen, das er missbrauchte, von der Lüge in einem Gedicht und von einer billigen Nummer mit einer dämlichen Kuh. Als sie fertig war, saß Björn da wie versteinert. Anne nahm ihre Jacke und ging. Irgendetwas sagte sie noch zu ihr, aber das verstand sie nicht. Ihr Lieblingskollege stellte ihr einen Espresso hin. Und dann fing sie an zu heulen.

Im Café gingen die Gespräche weiter. Björn erwachte langsam aus seiner Erstarrung. Seine Augen glichen eisigen Schlitzen, und seine Wimpern wollten ihr weh tun. „Ich hätte nie geglaubt, dass du so eine Nummer abziehen würdest. Ich dachte, du seist klüger. Du hast dich seit diesem lächerlichen Abend total zurückgezogen. Und ja, ich habe mit Anne zu tun bekommen, wir haben mehrere Kurse zusammen. Und ja, ich halte sie für eine klasse Frau. Und ja, ich glaube, sie ist in mich verliebt. Und ich hatte heute Abend mehr Lust, sie zu sehen als dich mit dem ewigen Vorwurf im Gesicht. Und deswegen habe ich dich am Telefon angelogen. Aber ich habe nichts mit Anne. Ich hab sie noch nicht einmal geküsst. Weil ich immer noch dachte, wir könnten uns wieder finden. Aber das war offensichtlich ein großer Irrtum."

Sie hatte ausgeweint. Alles war falsch. Sie, er, ihre ganze Geschichte. Und jetzt würde sie es endlich zu Ende bringen. „Ich möchte dich nie wieder sehen. Ich möchte nicht, dass du mich anrufst oder mir schreibst. Ich möchte deinen Namen vergessen und die Zeit, die ich mit dir verloren habe. Ich möchte nicht, dass wir uns irgendwann einmal wieder begegnen und womöglich Freunde werden. Ich möchte dich den Rest meines Lebens hassen. Mach's gut."

„Weißt du, was du bist? Du bist nichts weiter als ein dummes, kleines, verwöhntes Mädchen, das noch nicht kapiert hat, dass das Leben nicht so ist, wie es in Gedichten steht. Also spar dir dein saublödes Pathos und hau ab!"

An der Straßenecke wartete Anne auf sie ...

▶ S.146

„ER HAT MICH BETROGEN“ ICH, GRIT, 17

... und plötzlich stehst du alleine da. _Ich stand unten in der Küche und wusste nicht, ob mir je ein beschissenerer Moment als dieser in meinem Leben begegnen würde. Ich habe am Fenster gestanden und bemerkt, wie ich angefangen habe zu heulen. Ich wollte die Tränen wegwischen, genau wie meine Gefühle für Lukas. Ich war überwältigt von dieser Mischung aus totaler Verzweiflung, dem ersten Liebeskummer und der Erkenntnis, wie doll Liebe wehtun kann ...

mit 15 habe ich mich das erste Mal verliebt. Lukas war schon 19, ich war 15! Aber ich habe echt an uns geglaubt. Bevor das mit Lukas losging, habe ich meine Freizeit meist mit Ninette verbracht. Ninette, schon 18, durfte öfter ausgehen und sah sehr viel erwachsener aus. Ich habe sie ihm vorgestellt, sie war ja meine beste Freundin. Vielleicht wollte ich auch ein bisschen angeben, klar. Ninette jedenfalls fand ihn sofort toll. Lukas ist jemand, der immer ausgehen möchte. Party machen, Freunde treffen. Mit 15 kannst du aber nicht immer mitgehen, denn du kommst nicht in jeden Laden rein. Irgendwann fing es an, dass sie zu zweit weggegangen sind und ich alleine zu Hause saß.

Lukas hat mich betrogen. Ninette hat mich betrogen. Über Wochen haben sie sich heimlich getroffen. Dauernd. Immer wieder. Kannst du dir etwas Schlimmeres vorstellen, als so etwas irgendwann mitzubekommen? Ich wurde total hintergangen. Von den beiden wichtigsten Menschen in meinem Leben. Ich war verzweifelt.
Alle haben es gewusst. Nur ich hatte es nicht gecheckt. Alles ist doch rosarot, wenn man verknallt ist. Ich erfuhr es von seinen besten Freunden. Der totale Schock. „Zwischen den beiden läuft schon länger was“, haben sie gesagt. „Mach doch mal die Augen auf!“

Man kommt sich vor, als würde man sich selber in einem schlechten Film sehen. Völlig orientierungslos. Ich habe mich eingeschlossen und nachgedacht. Wenn ich ehrlich bin, hätte ich eigentlich nicht Schluss machen wollen. Mit 15 hofft man – und verzeiht. Aber eine gute Freundin von Lukas hat mir gesagt, wenn du es nicht tust, tut er es. Und dann habe ich mich für die Variante entschieden, von der ich damals gedacht habe, ich würde weniger darunter leiden. Wenn ich Schluss mache, bin ich ja nicht die Verlassene. Also bin ich rausgegangen und habe ihm gesagt, dass ich ihn nicht mehr lieben würde.
Das war aber nicht wahr. Seine Reaktion: Lukas hat mich einmal kurz in den Arm genommen. Das war alles. Danach war alles anders. Ich hatte Lukas verloren. Und Ninette hat auch nichts mehr von mir wissen wollen.

Mein perfektes Leben war von heute auf morgen gegen das eines trauernden Teenagers ausgetauscht. Es hat lange gedauert, bis ich wieder eine Beziehung eingegangen bin. Auch mit besten Freundinnen bin ich sehr vorsichtig. Noch heute. Aber ich habe auch gelernt. Gelernt, dass man niemals sicher sein kann, dass jemand genauso zu dir steht, wie du zu ihm. Vertrauen und Loyalität sind manchmal nicht mehr das Wichtigste, wenn Liebe und Freundschaft nebeneinander existieren sollen. Ich bin sehr verletzt und dadurch auch sehr vorsichtig geworden. Lukas hat sich nie erkundigt, wie es mir geht. Bis heute weiß er nicht, dass ich damals alles mitbekommen habe. Und wie weh er mir damals getan hat ...

Grit, die Fröhliche. Sie geht zur Schule und arbeitet nebenbei als Model bei der Agentur Modelwerk. Wir entdeckten sie für den Modelguide LOOK AT ME.

INFO

[die angst, sie zu verlieren]

Eifersucht – ein Gefühl, das jeder von uns kennt. Die Angst, wenn deine Freundin einen fremden Jungen anschaut, ihm vielleicht sogar zulächelt. Die Angst, dass sie jemanden kennen lernt, den sie besser findet.

„Ich hasse mich selbst dafür," erzählt Thomas, „aber ich kann einfach nicht anders. Ich habe immer Angst, Jessica zu verlieren. Und diese Angst macht mich furchtbar unsicher. Und auch verletzlich."

Da war neulich diese Party. Jessica und ich wollten uns da treffen. Ich kam ein bisschen später als verabredet und konnte sie in dem Gedränge zuerst nicht finden. Aber dann stieß mich mein Freund Rainer an: „Guck mal, da drüben, da steht sie, mit Alexander!" Alexander! Ausgerechnet. Wo ich doch wusste, dass der sie toll findet!

Thomas hat sich dann ganz langsam durch die Menschen zu den beiden geschoben, Jessicas Gesicht dabei keinen Augenblick aus den Augen gelassen, und dabei sind ihm glühende Blitze durch den Magen geschossen. „Mir war wirklich ganz übel, vor Angst und auch vor Wut. Ihre Körpersprache war aber auch zu deutlich: Sie beugte sich vor, lächelte und wirkte unglaublich interessiert.

Und dieser Idiot, dieser Alexander, ist fast in sie reingekrochen.

Das Schlimmste war, dass ich wie zweigeteilt war. Auf der einen Seite bin ich fast umgekommen vor Eifersucht, auf der anderen Seite wusste ich, dass ich spinne. Dass da garantiert gar nichts ist zwischen den beiden.

Und doch: Als Jessica plötzlich ihren Freund Thomas erblickt, kann er deutlich sehen, dass sie erschrickt. Schnell sagt sie etwas zu Alexander, der zuckersüß und ekelhaft verständnisvoll lächelt, und kommt zu ihm.

„Was hast du mit Alexander geredet? Hast du ihn angesprochen? Hat er dich angesprochen? Warum hat er gelacht? Warum hast du gelacht? Findest du den gut? Nett? Schlau? Aufregend?“ All das möchte Thomas fragen, aber er tut es nicht. Traut sich nicht, weil er genau weiß, dass Jessica das nicht abkann. Dass er sie damit sauer macht. Und dass er sie vielleicht verlieren könnte, wenn er ihr eine Szene macht.
Also macht er keine. Er sagt gar nichts. Aber er denkt. Ständig denkt er daran. Wie sie Alexander angesehen hat. Wie Alexander sie angesehen hat. Was vielleicht passiert wäre, wenn er noch später gekommen wäre. Die glühenden Blitze in seinem Magen sind wieder da. Er ist eifersüchtig, eifersüchtig, eifersüchtig!
Und weil er nicht darüber reden kann, weil er Jessica nicht zur Rede stellt – wird er immer stiller und immer wütender.

eifersucht

Eifersucht entsteht meist dann, wenn ein Mensch sich seiner selbst nicht sicher ist, wissen die Psychologen. Maike Carrels, blue4you-Psychologin: „Es gibt das Sprichwort: ‘Eifersucht ist eine Leidenschaft, die mit Eifer sucht, was Leiden schafft.’ Und das bedeutet, dass man bei seiner Freundin und Partnerin etwas sucht, was sie einem nicht geben kann. Und das wirft man ihr vor.“ Klingt ziemlich absurd. Man macht dem anderen zum Vorwurf, dass der nicht so ist, wie man ihn haben will? „So könnte man es auch ausdrücken“, meint die Psychologin. Und: „Man sollte aber die Eifersucht nicht mit einem anderen Gefühl verwechseln. Was Thomas auf der Party erlebt hat, ist natürlich ein Gefühl, das er als Eifersucht identifiziert hat. Dabei will er nur Klarheit: Ist das jetzt meine Freundin – oder ist sie nicht mehr meine Freundin?

Wenn er Jessica diesen Abend jedoch immer wieder zum Vorwurf macht, dann ist es echte Eifersucht. Und die tut mächtig weh.

Ihr Rat an Thomas: Jessica eben doch drauf ansprechen. Sie fragen, was er wissen möchte. Und dann entscheiden, ob er mit ihr weiter zusammen sein möchte, ob an seinen Befürchtungen etwas dran ist.

Erwischt: Deine Freundin küsst einen anderen ...

Aber Eifersucht bezieht sich nicht nur auf Menschen. Man kann auch eifersüchtig werden auf den Computer, auf den Sport, auf die Freundinnen der Partnerin. So wie Martin. Der 18-Jährige erzählt: „Meine Freundin hängt ständig mit ihren Mädchen rum. Die haben auch dauernd was vor, wo ich nichts zu suchen habe, da würde ich nur stören.
Die hocken zum Beispiel fast jeden Nachmittag zusammen und quatschen über irgendwas. Oder sie gehen in die Stadt und gucken Klamotten. Was soll ich denn da? Ich käme mir echt blöde vor. Und manchmal denke ich, sie ist gar nicht mehr in mich verliebt – sonst würde sie doch mehr mit mir zusammen sein wollen, oder? Und dann kommt sie auch immer zu spät, wenn wir mal verabredet sind. Ich bin manchmal ziemlich sauer und fühle mich hilflos.

Aber ich mag nicht drüber reden. Was soll ich auch sagen? Triff dich mit mir und nicht mit deinen Freundinnen!? Nee, das bringt nichts. Das muss sie selber merken."
Psychologin Maike Carrels: „Das ist typisch für das unterschiedliche Verhalten von Jungen und Mädchen. Man kann es auch so ausdrükken: Jungs laufen weg, Mädchen laufen hinterher. Er setzt sich nicht mir ihr auseinander, er redet nicht mir ihr darüber, was ihn bedrückt. Er frisst seine unguten Gefühle lieber in sich hinein, anstatt zu versuchen, eine Lösung für sein Problem zu finden."

„Jungs laufen weg – Mädchen laufen hinterher."

Die Ursache hierfür liegt – na klar – in der Erziehung: Mädchen lernen sehr früh, über ihre Gefühle zu sprechen und immer klar zu machen, was in ihnen vorgeht und dann eine Lösung zu finden. Jungs dagegen lernen, selbstständig weiter zu gehen, zur Not boxen sie einfach solche Gefühle wie Eifersucht weg. Drüber reden? Eine Lösung finden? Nicht unbedingt, es geht ja auch so.

Das bestätigt Sebastian, 17, heute, nach einigem Abstand: „Ich war mit Susie zwei Monate zusammen, da hat sie sich irgendwie verändert. Zuerst waren wir total verliebt, wir waren so oft wie möglich zusammen. Entweder bei ihr oder bei mir. Für mich war sie das tollste Mädchen auf der ganzen Welt, ich war so glücklich!“ Aber dann hat Susie nicht mehr so oft Zeit. Wenn er sie zu Hause anruft, ist sie nicht da, und ihre Mutter sagt, dass sie auch nicht wisse, wo sie stecke. “Ich merkte, wie die Eifersucht in mir hochgekrochen kam wie eine giftige Schlange“, erinnert sich Sebastian. “Mir war klar, dass ich kurz davor war durchzudrehen. Ich habe mir die wildesten Dinge vorgestellt: Dass sie jetzt gerade einen anderen küsst, dass sie nichts mehr mit mir zu tun haben möchte, dass sie Schluss machen will und es mir nicht sagt.“ Das Schlimmste war für ihn, dass er ihr Verhalten überhaupt nicht nachvollziehen konnte:

„Das kam aus heiterem Himmel, ich hatte keine Ahnung, warum sie plötzlich so kühl war.“

Endlich beschließt er, etwas zu unternehmen: “Ich dachte, ich muss sie persönlich erwischen, also habe ich die Schule geschwänzt und mich vor ihre Klasse gestellt. In der ersten großen Pause kam sie dann auch raus und kriegte total große Augen, als sie mich sah. Und mir war ganz schlecht vor lauter Aufregung, ich war doch auch so verliebt! Sie ist dann vor mir stehen geblieben, mein Herz ist wirklich bis zu den Knöcheln runtergerutscht, und ich hab sie gefragt, was eigentlich los ist. Und sie hat mich angelächelt und gesagt: Gar nichts. Und dann hat sie mich in den Arm genommen und geküsst, vor allen anderen. “

Aber genützt hat das auch nichts. Denn Sebastian konnte es einfach nicht mehr aushalten, dass Susie nicht für ihn da war, er fühlte sich wie geknebelt und gefesselt. „Mir war das einfach zu anstrengend. Und immer diese Angst, dass sie mir was verschweigt.“
Aber es gibt ja auch noch den anderen Fall: Dass deine Freundin total eifersüchtig auf dich ist! Mädchen zeigen das ziemlich offen, wie unsere Psychologin weiß: „Mädchen fühlen zwar das Gleiche, aber sie gehen anders damit um. Sie sprechen das Problem an, sie laufen eher hinterher, damit sie eine Lösung finden.“

Und sie möchten drüber reden, immer wieder.

Toby, 19, hat diese Erfahrung gemacht. Der Schüler aus Heidelberg kann es auch heute kaum fassen, was vor einem halben Jahr passiert ist: „Ich war mit Muriel zusammen, und wir waren wirklich glücklich. Und dann war da diese Klassenparty, wo ich mich eine halbe Stunde mit Michaela unterhalten habe, mit der ich vorher zusammen gewesen bin. Wir haben uns wirklich gut unterhalten und konnten endlich wieder ganz normal miteinander reden. Und als ich dann wieder zu Muriel wollte, war sie außer sich. Sie hat mich immer wieder gefragt, was ich denn mit Michaela geredet habe, ob ich sie immer noch gut finde, ob ich sie hübsch finde und so weiter. Furchtbar.

Dann wollte sie unbedingt gehen, weil sie es angeblich nicht ertragen konnte."

Toby ist ziemlich sauer, dass seine Freundin so wenig Vertrauen zu ihm hat und so voller Unverständnis reagiert. Deshalb hat er sich auch nicht gemeldet bei ihr. Das musste er auch nicht: „Ständig hat sie angerufen, ständig wollte sie mit mir reden. Ich habe versucht, ihr zu erklären, dass ich mich einfach mit ihr ausgesprochen hätte und dass das gar nichts zu bedeuten hätte."

Muriel hat ihm nicht geglaubt.
Sie war rasend eifersüchtig.

Wenn er bei seinen Freunden war oder beim Sport, hat sie dort angerufen oder ihn sogar abgeholt – um ihn zu kontrollieren. Wenn sie zusammen ausgingen, wich sie nicht von seiner Seite, und wenn er mit einem anderen Mädchen sprach, guckte sie böse und legte gleich besitzergreifend den Arm um ihn.

Sechs Wochen hat er das noch ausgehalten, dann war Schluss: „Ich hatte das Gefühl, ich habe keine Luft mehr zum Atmen. Es hat mich fertig gemacht, ihre ständigen Fragen, ihr Misstrauen, ihre Kontrolle." Er hat Schluss gemacht: „Das war furchtbar, denn eigentlich haben wir uns doch geliebt."

INFO

Was kannst du tun, wenn deine Freundin eifersüchtig ist?

_ Versuch herauszufinden, warum sie dieses Gefühl hat. Und zwar mit einem offenen Gespräch.

_ Wenn sie sich über dein cooles Verhalten beklagt: Vielleicht kannst du es ein wenig ändern.

_ Bezieh sie mit in dein Leben ein, auch wenn deine Freunde genervt sind.

Was kannst du tun, wenn du eifersüchtig bist?

_ Versuch herauszufinden, warum du dieses Gefühl hast. Gibt sie dir Anlass dazu oder bist du einfach nur grundsätzlich misstrauisch?

_ Es hilft immer, offen darüber zu reden. Auch wenn du dabei merken musst, dass du sie vielleicht verlierst.

„UNSERE BEZIEHUNG GEHT ZU ENDE“ ICH, KATI, 19

Das Leben ist kein Kaugummi

_Er war perfekt, ich liebte seinen Gang, seine Art zu reden und die Weise, seinen Kaugummi mit den Schneidezähnen zu zermalmen. Seine Coolness, seine Unnahbarkeit faszinierten mich. Er war mein Traummann. War. Träume sind Schäume. Und manchmal Alpträume ...

mit zwölf hat es mich voll erwischt. Es gab nichts anderes mehr für mich. Patrick. Jeden Tag musste meine beste Freundin mich ertragen, jeden Tag sich aufs Neue anhören, wie toll er sei. Was er an dem betreffenden Tag anhatte und wie er sich verhielt. Ob er mir zulächelte oder an mir vorbeisah: Das hatte einen enormen Einfluss auf meine Laune! Ich hatte nur eins im Kopf: ihn. Ich begegnete ihm jeden Tag in der Schule, er schenkte mir kaum Beachtung. Jede Pause verbrachte er mit seinen Leuten in der Raucherecke. Er selbst war zwei Jahre älter als ich. Das erste Treffen haben meine Freundin und meine Schwester arrangiert. Ich selbst habe mich nicht getraut.

„Ich war so aufgeregt ...“

Das erste Treffen. Ich war so aufgeregt. Ein Spielplatz, ein kleines Holzhaus, ein langes Schweigen. Patrick spuckte durch die Ritzen, ich beobachtete ihn dabei. Ich fand ihn so toll, wahnsinnig anziehend. Er schaute, ich schaute weg; ich guckte ihn an, er guckte in die Ferne ... so wär's wohl stundenlang weitergegangen, da fasste ich mir ein Herz, beugte mich zu ihm rüber und küsste ihn. Mitten auf den Mund. Ich glaube, in dem Moment damals war ich nicht richtig bei mir. Ich knutschte einfach den Mann meiner Träume.
Und Patrick gefiel es ...

Es dauerte noch lange, lange Zeit ... Dann waren wir tatsächlich offiziell zusammen. Ein Paar. Ich mit Patrick, dem Traummann. Mit Patrick, dem Langweiler.

Du verliebst dich in einen Typen, du findest ihn cool. Diese Coolness macht den Mann unnahbar. Das Verrückte ist doch: Eine Frau (oder auch ein Mann) will eine Beziehung, und Beziehung bedeutet, dem anderen nah zu sein. Und diese Nähe entzauberte Patrick. Denn von nahem betrachtet, war Patrick alles andere als cool. Seine Freunde, die ihn anhimmelten: Kleine Buben, so zwischen elf und zwölf, die dem 16-Jährigen zu Füßen lagen, alles für ihren großen Guru taten. Seine Interessen: gleich null. Beziehung bedeutete für ihn: Sex und danach nichts. Er war so, wie der Mann in dem kleinen Holzhaus auf dem Spielplatz: spuckend, sabbernd, schweigend. Das Einzige, was sich bei ihm in seinem Kopf bewegte, war das Kaugummi zwischen seinen Zähnen.

Wenn du jemanden cool findest, möchtest du hinter die Fassade blicken. Suchst die Wärme hinter der Kälte, das weiche Herz hinter der harten Schale. Das ist es, was wir Frauen suchen. Wir erobern seine Seele. Was aber, wenn uns statt Herz die Hirnlosigkeit, statt Seele nur Schwanz erwartet? Das ist nicht genug. Patrick habe ich in den Wind geschossen. Und eins dabei gelernt: Es ist nicht alles cool, was Kaugummi kaut. Manchmal sind diese Typen nur das Ergebnis eines Wunsches, immer um sie kämpfen zu müssen, eben weil sie ja so unnahbar sind. Dabei würden wir sie nicht mal bemerken. Ohne ihr Kaugummi im Mund.

Kati lebt in einem kleinen Ort in Norddeutschland und jobbt neben der Schule in einem Fitnessstudio.

INFO

„...ich wollte ihr nicht wehtun!"

_Ich weiß eigentlich nicht genau, wie es dazu kommen konnte. Mir war nicht wirklich klar, dass ich Katja betrüge.

Andreas war 20, als das passierte. Seine Geschichte ist einfach, wie so viele. Er war unterwegs, weit weg, er war allein, und Katja war nicht da. Dann war da diese andere. Gelegenheit macht Liebe.

„Es war nur eine Nacht, mit Liebe hatte das nichts zu tun. Ich bin Tänzer, war mit C.C. Catch in Russland unterwegs, jede Nacht an einem anderen Ort." Andreas ist ein gut aussehender Typ: Sportlich, blond und tolle Augen, ein Mann, der Mädchen gefällt. In Moskau ist es dann passiert: „Wir haben in einem Club gespielt und danach da weitergefeiert. Dann hat mich dieses Mädchen angesprochen." Ihren Namen hat er heute vergessen. Den Seitensprung erklärt er mit „geistiger Umnachtung". An Katja hat er in diesem Moment nicht gedacht.

Es tut weh

Es ist einer der schlimmsten Momente für ein Mädchen. Viele haben große Angst davor, eine solche Situation erleben zu müssen. Und wenn es dann doch passiert ist, verzweifeln sie bei dem Gedanken, dass er eine Nacht mit einer anderen Frau verbracht hat – während ihr Freund die Tragweite seines Vertrauensbruches gar nicht richtig einzuschätzen vermag.

„Ich weiß nicht, ob er begriffen hat, was er mir damit angetan hat", erzählt Ricarda, 18. Mehr durch einen dummen Zufall kam heraus, dass ihr Freund Alex den Abend nach der Party nicht bei seinem Kumpel Jonas verbracht hatte. „Als dann rauskam, dass er die Nacht bei einem Mädchen gewesen war, kamen von ihm nur lahme Entschuldigungen. Das sei doch nur Sex gewesen, das sei doch keine Liebe!"

Das stimmt sogar. Denn den körperlichen Ablauf des Miteinander-Schlafens nimmt ein Junge anders wahr als ein Mädchen: Er dringt in den Körper des Mädchens ein. Das Mädchen jedoch öffnet sich. Sie vertraut sich ihm an.

„Männer trennen Sex und Liebe sehr viel leichter voneinander als Frauen“, bestätigt auch unsere Psychologin. Sie schließt nicht aus, dass es dafür sogar eine genetische Ursache geben könnte. Männerkörper sind auch völlig anders konstruiert als Frauen. Dennoch gibt es kein „Fremdgeh-Gen“, das die Untreue verursacht. Auch wenn Jungs das behaupten und dieses Gen liebend gerne als Entschuldigung anführen.

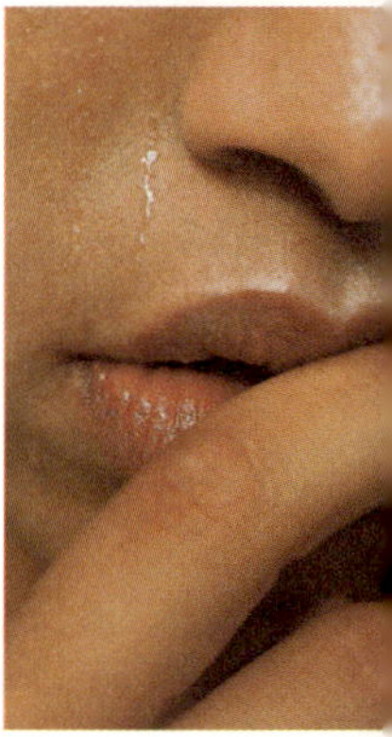

Ricarda: „Es hat mir furchtbar wehgetan, ihn mir in den Armen einer anderen Frau vorzustellen. Außerdem musste ich immer daran denken, was bei einem Seitensprung alles passieren kann. Alex hat zwar immer wieder beteuert, er hätte ein Kondom benutzt. Aber ich war trotzdem skeptisch. Stimmt das wirklich? Und ist das immer hundertprozentig sicher? Ich hab einfach Angst vor AIDS. Außerdem ist Alex schon öfter fremdgegangen. Beim ersten Mal habe ich ihm verziehen, das zweite Mal habe ich geweint, und nach dem dritten Mal habe ich ihn zum Teufel geschickt. Es tut einfach zu weh, und ich musste ständig daran denken und hatte überhaupt kein Vertrauen mehr zu ihm.“

Wenn dein Freund immer wieder fremdgeht, läuft in eurer Beziehung was falsch. Eure Definition von „Liebe“ ist dann zu unterschiedlich. Dein Freund nimmt einfach keine Rücksicht auf deine Gefühle, und darunter leidest du zu sehr. Eine Trennung ist nie leicht, aber dann solltest du dich trotzdem mit diesem Gedanken befassen.

Du stehst damit auch nicht allein da: In den Top Ten der Trennungsgründe bei Mädchen liegen die Punkte „Kein Vertrauen“ und „Fremdgehen“ auf den ersten Plätzen.

Ein Junge würde nach einem Seitensprung mit einem anderen Mädchen nie seine Beziehung in Frage stellen. Auch würde er nicht daran zweifeln, dass er seine Freundin wirklich liebt. Alex, heute Ex-Freund von Ricarda: „Ich habe nichts für die anderen empfunden. Ich will sie auch gar nicht wiedersehen.“
Warum hat er's dann getan?
„Ich weiß auch nicht. Vielleicht, weil sich ganz einfach die Gelegenheit geboten hat. Weil Ricarda nicht da war, weil ein anderes Mädchen da war. Und die fand mich toll, da fühlte ich mich total geschmeichelt. Und so ist es dann wohl passiert.“

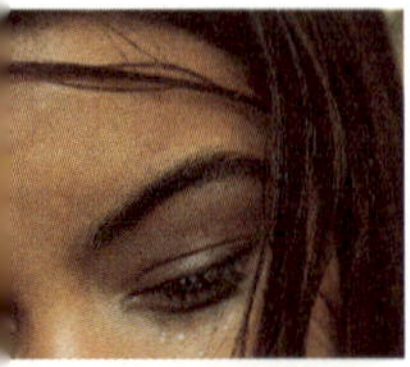

Nichts wird so sein, wie es mal war

Nach einem One-Night-Stand wird es nie so einfach sein, wie es im Fernsehen häufig vorgespielt wird. Nicht wie in „Beverly Hills 90210". Nicht nach dem einfachen Strickmuster „Großer Krach – Trennung - Junge beweist seine Liebe – sie verzeiht ihm – alles ist wieder gut". Nicht in der Realität.

Deine quälenden Fragen können nicht so leicht beantwortet werden: Warum betrügt er mich? Warum hat er es mir nicht erzählt? Wie kann er mich wirklich lieben, wenn er mit einer anderen ins Bett geht?

Doch, das kann er. Denn Jungen denken anders als Mädchen.

Er fragt sich nicht, warum er sie betrügt. Das Fremdgehen ist für ihn keine Entscheidung gegen seine Freundin. Darüber denkt er nicht nach. Er genießt es, begehrt zu werden.

Ein One-Night-Stand ist von ihm in über 90 % der Fälle nicht geplant. Sagt die Statistik. Der Junge ergibt sich der Situation: Über 70 % aller Männer ab 16 fühlen sich geschmeichelt, wenn sie einer fremden Frau gefallen. Und: Wusstest du, dass sich nur knapp über 50 % sicher sind, dass ihre eigene Freundin sie wirklich toll findet?

Und er liebt dich doch!

Jungen denken anders als Mädchen. Wirklich? Aber fühlen Jungen auch anders als Mädchen?

Andreas, der Tänzer, der seine Freundin Katja auf einer Tournee betrogen hat, sagt: „Ich war wirklich total fertig nach dieser Nacht. Am nächsten Morgen konnte ich mir kaum im Spiegel in die Augen sehen. Ich habe mir ganz schwere Vorwürfe gemacht."

Natürlich denkt ein Junge darüber nach. Aber erst hinterher. Dann wird ihm klar, was er getan hat. Er weiß, dass eine Beziehung eigentlich nur funktionieren kann, wenn man ehrlich miteinander umgeht. In jeder Situation.

Und trotzdem: Andreas war damals der Überzeugung, Katja würde ihm das nicht abnehmen und nur den Seitensprung sehen. „Ich habe es Katja nie erzählt, gerade weil ich sie geliebt habe. Ich wollte das nicht aufs Spiel setzen. Denn sie wäre ausgerastet und hätte mir kein Wort geglaubt. Erst recht nicht, dass es nicht mehr vorkommen würde, weil ich danach erst richtig sicher war, dass ich nur sie liebe. Ich hätte sie verloren."

Andreas ist heute klüger als vor einem Jahr: „Ich hätte ihr gerne erzählt, wie übel ich mich gefühlt habe und wie viele Sorgen ich mir um unsere Beziehung gemacht habe. Ich hätte ihr gerne

erzählt, dass ich gelernt habe. Ich wusste plötzlich genau, was mir wichtig ist und hätte gerne die Nacht sofort wieder rückgängig gemacht.“ Aber er hat nicht mit ihr geredet, weil er zu viel Angst hatte, Katja zu verlieren. Angst, dass er durch seine Ehrlichkeit ihr Vertrauen verlieren würde. Ein Teufelskreis ... Ganz selten kennen sich zwei Partner einer Beziehung so gut und haben so viel Vertrauen zueinander, dass sie keine Angst mehr vor der Reaktion des anderen haben müssen. Da sind sie dann doch beide wieder gleich: Junge wie Mädchen, Mädchen wie Junge. Angst, den anderen zu verlieren, haben sie beide. Andreas hat Katja nie wieder betrogen. Und er liebt sie noch immer. Eine Geschichte mit Happyend?
Vier Monate später zog Katja für ihr Studium nach London. Und verliebte sich dort in einen anderen ...

Hattest du schon mal einen Seitensprung?

Wünschst du dir einmal einen Seitensprung?

Männer: 48% ja
Frauen: 58% ja

Hast du schon mal einen Seitensprung gehabt?

Männer: 31% ja
Frauen: 18% ja

Was war der Grund?

Männer: 33% Hat sich so ergeben
Frauen: 45% Fühlte mich bei meinem Partner unverstanden

Hast du deinem Partner von dem One-Night-Stand erzählt?

Männer: 79% nein
Frauen: 56% nein

Warum hast du es verschwiegen?

Männer: 31% Wollte sie nicht verletzen
20% Sie hätte mich verlassen

Warum hast du es ihm erzählt?

Frauen: 69% Konnte damit nicht leben

(Quelle: GRP-Institut München)

[bitte, tu mir nicht mehr weh]

„Auch wenn es seine Zeit braucht.
Danach ist alles gut, so wie es ist.
Du fällst und du stehst wieder auf.
Es kommt nur drauf an, dass du das
nicht vergisst.“ Thomas D.

Liebeskummer. Jeder kennt das Gefühl. Jeder hat es irgendwann schon einmal gespürt. Wenn sich dein Magen zusammenzieht, dein Kopf aufhört zu denken. Wenn du nicht mehr essen willst, nicht mehr schlafen kannst. Wenn alles andere unwichtig wird. Freunde, Schule, Hobbys. Alles, was davor gut und wichtig war, verliert plötzlich an Bedeutung. Weil sie nicht mehr da ist. Sie, mit der man diese Sachen eigentlich genießen möchte. Sie, die bisher der Mittelpunkt deines Lebens war, ist plötzlich verschwunden. Hat dich allein gelassen mit deiner Liebe, deiner Sehnsucht, deinen Träumen. Kennst du das?

Maike Carrels

„Das Ende einer Liebe ist wie eine Art Abschied. Man verliert einen geliebten Menschen“, sagt die blue4you-Psychologin Maike Carrels. „Dabei ist es zunächst egal, wodurch der Verlust entsteht. Entscheidend ist, dass man lernen muss, mit einer Trennung, mit dem Verlust eines geliebten Menschen umzugehen.“ Und das ist nicht einfach. Weil man nicht einfach aufhört, den anderen zu lieben, bloß weil man sich getrennt hat. Weil es so verdammt wehtut, den anderen gehen lassen zu müssen.

Eines ist klar: Gegen Liebeskummer gibt es kein Mittel. Ob mit 16 oder mit 60, gegen Liebeskummer kann man sich nicht schützen.

Und Liebeskummer dauert. Unter Umständen sogar ziemlich lange. Und das Einzige, was du tun kannst, ist abwarten. Denn die Zeit heilt bekanntermaßen alle Wunden. Aber du kannst versuchen, dir die Zeit zu erleichtern, so gut es geht.

Führ dir immer wieder auch die negativen Seiten deiner verflossenen Liebe vor Augen. Schreib sie auf und häng sie dir übers Bett, damit du sie nicht vergisst.

Steffen, 20, Zivildienstleistender in einer Jugendherberge in Nürnberg, ist seit einem halben Jahr nicht mehr mit Freundin Simone zusammen. Als sie wegen des Studiums nach München zog, hat sie sich Hals über Kopf in einen anderen verliebt. Und Steffen den Laufpass gegeben. „Manchmal gibt es Tage, an denen ich Simone richtig hasse. Dafür, dass sie mich so verletzt hat. Dass ich seit Wochen nicht mehr schlafen, nicht mehr essen kann und es ihr anscheinend total egal ist." Die Reaktion von Steffen ist ganz verständlich. Denn nichts tut mehr weh als zu sehen, dass es ihr anscheinend gut geht, während es dir selber so schlecht geht. Du hasst sie dafür. Und gleichzeitig liebst du sie noch immer. Und das ist am allerschlimmsten.

Aber Wut und Hass sind auch erste Zeichen dafür, dass du beginnst, Abstand von deiner Partnerin zu gewinnen. Dass du anfängst, dir auch ihre Schwächen und ihre Fehler einzugestehen. Außerdem: Manchmal tut es auch einfach gut, auf den anderen wütend zu sein.
Sie zu beschimpfen, ihr nur böse Dinge zu wünschen, oder?
So kannst du besser mit der eigenen Wut, dem eigenen Schmerz umgehen. Maike Carrels: „Die Wut auf den anderen ist eine

normale Reaktion. Sie hilft dir dabei, deinen eigenen Schmerz zu überwinden.“ Das soll nicht heißen, dass du die schönen Stunden und die Momente mit ihr vergessen sollst. Im Gegenteil. Es ist nur einfach so, dass es zumindest am Anfang leichter ist, Abstand von dem anderen zu bekommen, wenn man sich von ihm distanziert. Sowohl gefühlsmäßig als auch räumlich.

Auch wenn es wehtut – vermeide möglichst jeden Kontakt zu deiner Ex-Liebe. Weder persönlich noch über Dritte. Das erspart dir Schmerzen. Und erleichtert die Trennung.

Lass uns gute Freunde bleiben – kaum ein anderer Satz wird so strapaziert wie dieser! Und ist so wahr und unwahr zugleich. Gerade derjenige, der sich trennt, möchte natürlich am liebsten den Kontakt aufrechterhalten. Denn deine Ex schätzt dich als Freund ja immer noch, möchte deine Nähe nicht missen. „Am Anfang hat Daniel fast täglich angerufen. Wollte wissen, wie es mir geht. Einfach ein bisschen quatschen.“ Für Sylvie waren diese Telefonate schrecklich und wunderschön zugleich. Seine Stimme zu hören, mit ihm zu reden, als ob nichts wäre. Und immer wieder die kleine, die verrückte Hoffnung zu haben, dass sie vielleicht doch wieder mit ihm zusammenkommt. Und das ist gerade das Gemeine an diesem „Lass-uns-gute-Freunde-bleiben“- Ding. Du hast gar keine Chance, dich wirklich von dem anderen zu trennen. Weil du ihn ja eigentlich sehen willst. Und dich in der Hoffnung wiegst, dass es mit der Zeit vielleicht wieder anders wird. So wie früher.
Und das passiert leider nun mal nur in den seltensten Fällen. Stattdessen fahren deine Gefühle Achterbahn und am Schluss kommt dann doch die große Enttäuschung. So wie bei Sylvie.

Als sie erfuhr, dass Daniel eine neue Freundin hat. „Ich dachte, ich sterbe. Es hat so wehgetan. Und das Schlimmste: Ich konnte noch nicht mal sauer auf ihn sein. Er hatte ja von Anfang an gesagt, dass er nur mit mir befreundet sein will", sagt Sylvie. Natürlich ist es nicht einfach, den Kontakt zu dem anderen konsequent abzubrechen. Aber es ist meistens die einzige Möglichkeit, mit der Trennung fertig zu werden. Abstand zu bekommen. Neu anzufangen.

Sprich mit deinen Freunden! Reden vertreibt Kummer und lässt dich die Dinge von einer anderen Seite betrachten.

In Krisenzeiten merkst du, wie unersetzlich sie sind: gute Freunde. Sie sind da, wenn dir mal wieder die Decke auf den Kopf fällt. Wenn der Schmerz dich einholt und durchschüttelt. Sie hören sich zum hundersten Mal dieselbe Geschichte an. Und geben gute Tipps und Ratschläge. Die in den seltensten Fällen befolgt werden. Aber das ist auch nicht so wichtig. Viel wichtiger ist, dass da jemand ist. Dass du nicht alleine bist mit all deinem Schmerz, deinem Frust, deiner Trauer. Dass da jemand ist, der dir hilft, deine Gedanken zu ordnen. Idealerweise jemand, der selbst schon ähnliche Erfahrungen gemacht hat. Was nicht so schwer ist.

Die besten Freunde auf S. 156

Denn Liebeskummer ist bekanntermaßen eine äußerst verbreitete Krankheit. Und im Gespräch mit anderen beginnt in den meisten Fällen das, was blue4you-Psychologin Maike Carrels die 'Trauerarbeit' nennt. Wenn du anfängst, dir über die Hintergründe eurer Trennung, aber auch über eure Beziehung selbst Gedanken zu machen. Darüber, was in der Beziehung gut und was nicht so gut gelaufen ist. Maike Carrels: „Jeder Liebesschmerz kann auch positiv gesehen werden. Indem ich leide, beginne ich, mir über mich und meine Situation Gedanken zu machen. Ich beginne, Dinge in Frage zu stellen und nach neuen Lösungen zu suchen. Dadurch entwickle ich mich im optimalen Fall weiter und werde reifer."

Im Klartext: Erst wenn du ehrlich zu dir selbst bist, anfängst dich zu fragen, was du von einer Beziehung erwartest, wirst du feststellen, warum die Beziehung auseinander gegangen ist. Und es hoffentlich beim nächsten Mal besser machen. Und dann war der Liebeskummer schon nicht umsonst.

Hör auf, immer nur über Vergangenes nachzugrübeln. Ablenkung ist eine wunderbare Methode über Schmerz hinwegzukommen!

Natürlich ist es wichtig und gut, sich über die Beziehung und die Trennung Gedanken zu machen. Aber irgendwann ist dann der Punkt erreicht (wann, das kannst nur du selbst wissen), an dem es auch gut tut, die Dinge einfach einmal ruhen zu lassen. Nicht mehr dauernd nur darüber zu sprechen. Weil du dadurch auch oftmals die Wunden immer wieder aufreißt. Und dir selbst keine Chance gibst, wirklich über den Schmerz hinwegzukommen. Und neu anzufangen. Also, auch wenn du am liebsten nur im Bett liegen willst und dir die Decke über den Kopf ziehen möchtest, Liebeskummer bekämpft man am besten durch Ablenkung.

Schnapp dir deinen besten Freund und meld dich im nächsten Fitnessclub an, geh mit deinem besten Freund zum Squashen oder besuch den Zeichenkurs, den du immer schon einmal machen wolltest. So lernst du schnell neue Leute kennen und bist abgelenkt. Oder schnapp dir einen guten Freund und geh mit ihm auf die Piste und flirte mit schönen Mädchen. Das hebt dein Selbstbewusstsein. Und schon fühlst du dich ein bisschen besser. Tu alles, was dir gefällt und Spaß macht, und du wirst sehen, mit der Zeit wird auch der Liebeskummer weniger. Vielleicht nicht sofort. Aber nach und nach.

schmerz

[10 Tipps, die glücklich machen]

1 Pack alles, was an deine frühere Liebe erinnert, in eine große Kiste. Alle Fotos, alle Geschenke, die Briefe und die Erinnerungsstücke, einfach alles. Und dann verbuddele die Kiste im Garten. Oder vergrab sie in der hintersten Ecke des Kellers.

2 Versuch aufzuhören, an sie zu denken und von ihr zu reden. Nimm dir zum Beispiel vor: Ich rede jetzt den ganzen Tag nicht von ihr. Und halt dich daran. Du wirst sehen: Mit der Zeit wird dir das immer leichter fallen. Und die Wunden können langsam verheilen.

3 Schreib deiner Ex-Freundin einen bösen Brief. Schreib all die Sachen hinein, die du immer schon loswerden wolltest. Alles, was du dich bislang nicht getraut hast zu sagen. Und schick den Brief nicht ab.

4 Tu dir was Gutes: Gerade wenn du traurig bist und es dir schlecht geht, musst du dich selbst verwöhnen. Leiste dir irgendetwas, was du dir eigentlich gar nicht leisten kannst – und genieß das Gefühl.

5 Schnapp dir deinen besten Freund und mach die Stadt unsicher. Geh aus. Ins Kino, in die Disco, zum Skaten. Oftmals ist Ablenkung die einzige Möglichkeit, auf andere Gedanken zu kommen und den Kummer erst einmal zu vergessen.

6 Mach irgendetwas, was du immer schon einmal machen wolltest. Jetzt ist die Zeit dazu, neue Dinge anzufangen: Besuch einen Schauspielkurs, meld dich zum Kick-Boxen an oder kauf dir endlich neue Joggingschuhe. Und gib deinem Leben eine neue Richtung.

7 Verändere deine Umgebung! Räum dein Zimmer um, kauf dir neue Bettwäsche oder ein neues Bild.

8 Flirte mit anderen Mädchen. Das hebt das Selbstbewusstsein. Und zeigt dir, dass es durchaus Mädchen gibt, die dich attraktiv finden. Du musst dich ja nicht gleich mit einer verabreden. Sahn einfach die Komplimente ab. Und dann geh nach Hause.

9 Zünde Orangenräucherstäbchen in deinem Zimmer an. Das hebt die Stimmung und löst deine Depressionen in Luft auf.

10 Und als Balsam für deine Seele veranstalte einen Videoabend mit deinen Freunden. Leiht euch den Film "Einsam, zweisam, dreisam" aus . Weil die Geschichte einfach wunderschön ist. Und wieder einmal zeigt: Einer neuen Liebe kann man überall begegnen. Unverhofft und völlig überraschend.

[love affairs]

_Die drei Phasen der Liebe. Die Hormone sind verantwortlich, klar doch! Aber in diesem Spiel kannst du in drei Runden zeigen, was du selber drauf hast.
Und mit jeder Aufgabe Romantik- oder Coolness-Punkte sammeln.

Spielerklärung:
So geht's: Dieses Spiel könnt ihr zu zweit oder zu viert spielen – entweder einzeln gegeneinander oder in zwei Teams. Ihr müsst abwechselnd Aufgaben lösen. Bevor ihr anfangt, malt euch drei Voting-Cards (wie sie aussehen, findet ihr auf der nächsten Seite) mit den Bewertungen 1, 2 und 3: Damit könnt ihr dann beurteilen, wie gut (3) oder wie schlecht (1) ein Mitspieler seine Aufgabe gelöst hat. Ihr verteilt Punkte für die Kategorien Romantik ♥ und für Coolness ❄.

Und jetzt fängt's an:
Ihr braucht ein Handy. Per Suchlauf im Adressbuch scrollt der Handybesitzer wahllos Namen. Der „Würfler" sagt „Start" und dann „Stop".
Die letzte Zahl dieser Handynummer ist das Codewort. Dieses muss in deine jeweilige Aufgabe (unten) integriert werden.
Für die Aufgaben ist jedes Mal ein Zeitlimit vorgesehen: Also Stoppuhr bereithalten! Gewonnen hat der Mitspieler oder das Team mit den meisten Punkten.

Codewörter Runde 1:

1_Rose
2_Blätterteig
3_Feuerlöscher
4_Puppe
5_Apfel
6_Nutella
7_Sonnenmilch
8_Buntstift
9_Schleimbeutel
0_Klappstuhl

START

Du hast die Handynummer von deinem Schwarm bekommen.
Schreib eine SMS-Flirtbotschaft, die anmacht. (30 Sek. Zeit)

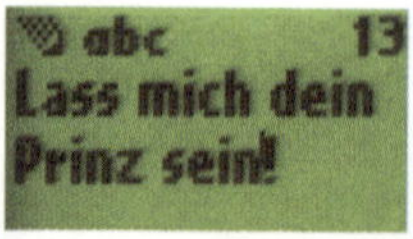

Du bist im Urlaub. Neben dir am Strand liegt der perfekte Flirt. Welchen Spruch bringst du jetzt?
(5 Sek. zum Nachdenken)

Du bekommst Spontanbesuch mit Pizzateig von deiner Partnerin. Jetzt ist deine Phantasie gefragt: Wie belegst du die Pizza und wie heißt sie? (30 Sek. Zeit)

Dein Schwarm besucht dich das erste Mal zu Hause. Welche drei Songs spielst du auf jeden Fall? (20 Sek. zum Überlegen)

Da ist sofort eine Antwort auf die Mail gekommen und der Angemailte möchte eine knackige Beschreibung. Man bittet dich als Ghostwriter zu fungieren: Beschreib deinen Mitspieler, der eben die Mail in der letzten Aufgabe geschrieben hat. (55 Sek. Zeit)

Du findest einen Eintrag in einem Kontaktmagazin: „Ich hole dir die Sterne vom Himmel. Was tust du für mich?“ Jetzt entwirf doch schnell eine clevere Mail! (55 Sek. Zeit)

Codewörter Runde 2:

1_Vanilleeis
2_Kaulquappe
3_Nagel
4_Brotkasten
5_Nudelholz
6_Maus
7_Waldsterben
8_Kondom
9_Feuerzeug
0_Eifersucht

Voting - Cards:

Ihr verteilt Punkte von 1 bis 3, jeweils für Romantik und Coolness. Das Team mit den meisten Punkten gewinnt.

Die erste Nacht. Ihr seid alleine. The Corrs aus den Boxen: Romantik pur. Du willst ... aber, wie sagst du's ihr?
Versuch's mal bei deinem Mitspieler!
(ohne Limit)

Ihr küsst euch. Eure Körper verschmelzen. Plötzlich steht die Ex in der Tür. Was sagst du? (Losreden ohne zu überlegen!)

Du schickst 50 rote Rosen zum Geburtstag. Was steht auf der beigelegten Love-Card? (25 Sek. Zeit zum Schreiben)

Die zweite Nacht. Erst ging's nicht, dann passiert alles viel zu schnell. Was war bloß los mit dir? Jetzt musst du deiner Partnerin das erklären! (Sprich mindestens 60 Sek. mit deinem rechten Mitspieler)

Deine Partnerin weint nach dem Sex.
Was bewegt sie in diesem Moment so sehr?
(sofort antworten)

Nach der Liebesnacht: Ihr habt Hunger.
Im Kühlschrank: Bananen, Kräcker, Käse, Gummibärchen, Ahornsirup, Quark.
Wie und was zauberst du?
(20 Sekunden, dann los)

Du wirst aufgefordert: Schreib mir doch was mit dem Sahnesprayer auf den nackten Bauch und schleck es ab.
Was schreibst du? (sofort antworten)

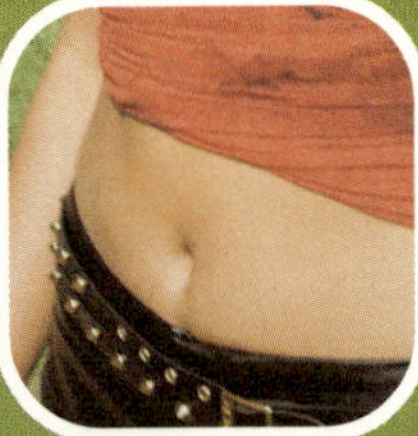

Du findest einen Liebesbrief von jemand anderem an deine Partnerin. Was schreibst du zurück? (60 Sekunden Zeit)

Oh, du mein Herz! ♡♡♡
Jeden Morgen beim Aufwache
denke ich zuerst nur an D
Ich streichel das noch warm
Bettlaken und rieche dein
Parfum von letzter Nacht. ♡
Ich liebe dich mehr als das
Meer Lichtreflexe an einem
strahlenden Sonnentag hat...

Sie hat umdekoriert. Über dem Bett, wo gestern noch ein Bild von dir hing, hängt jetzt ein Poster von „Unter Uns"-Star Tobias Licht. Das gibt Ärger! Wie reagierst du? (Sabbel los ohne Punkt und Komma und mindestens 1 Minute lang)

Das Foto des trauten Heims. Was denkt Mike-Lee in diesem Moment? (50 Sek. Erklärung)

Du möchtest das Wochenende mit deinen Freunden und deiner Partnerin verbringen. Ihr wollt wegfahren. Deine Eltern sagen: „No!" Sie mögen sie nicht. Überzeug sie, als Gesprächspartner dient dein Mitspieler links neben dir. (60 Sek. Zeit)

Codewörter Runde 3:

1_Lutscher
2_Katzenklo
3_Thermometer
4_Zirkuspferd
5_Suppengrün
6_Watte
7_MP3-Player
8_Pflaster
9_Magnolien
0_Kaubonbon

„Der Mond ist aufgegangen ...“

Ihr habt euch versöhnt. Du schreibst ein romantisches Liebesgedicht. Die erste Zeile ist: „Der Mond ist aufgegangen ...“ (Bitte um 5 Zeilen erweitern, 55 Sek. Zeit)

ENDE

Deine Partnerin ist superverletzt. Musstest du unbedingt mit jemand anderem flirten? Sie brüllt rum. Wie beruhigst du sie wieder? Spiel diese Situation mit einem beliebigen Mitspieler. (No Timelimit)

Du triffst deine Partnerin zufällig am Samstagnachmittag. Offiziell ist sie bei der Hochzeit ihrer Cousine. In den Einkaufstüten hat sie: Champagner, Erdbeeren, Kerzen, das Video „Während du schliefst“ und ein neues Parfum. Wie machst du sie zur Schnecke? Brüll deinen Mitspieler rechts neben dir an. (60 Sek.)

nyc-edit

[neubeginn]

S.117 ◂ Sie hatte nicht die geringste Absicht, mit Anne zu sprechen, sie wollte sie nur einfach nie wieder sehen müssen. Aber Anne hielt sie am Arm fest und sagte: „Hör mir zu! Wir werden danach wahrscheinlich nicht mehr miteinander reden, aber dieses eine Mal solltest du mir wenigstens noch zuhören. Als du so geschrien hast da drin, hab ich gesehen, wie weh dir das getan hat. Das wollte ich nicht. Es tut mir Leid. Aber ich kann auch nichts dafür, dass ich mich in Björn verliebt habe, ich habe selbst nicht damit gerechnet. Ich hab euch doch am Anfang geholfen, mit dem Gedicht. Und ihr wart ein so tolles Paar. Dann hat man ihn immer nur noch allein gesehen, und er schien froh über den Kontakt zu mir. Ich wollte dir nicht wehtun, aber ich habe mich verliebt, und dafür kann ich nichts. Aber er hat dich geliebt. Er hat immer eine unsichtbare Grenze gezogen für mich, und ich wusste immer, das tat er deinetwegen. Es ist nichts vorgefallen. Und auch wenn wir keine Freundinnen sind und auch keine mehr werden, sollten wir uns wenigstens in die Augen gucken können."

Ally McBeal hätte jetzt geknurrt und gefaucht. Sie war aber nicht Ally McBeal. Deshalb musste sie leider nach Worten suchen.

„Anne, lass den Schwachsinn. Ich will dich nie mehr sehen. Ich werde nicht mehr in den Stall kommen, ich werde die Plätze meiden, wo du dich aufhältst. Mach, was du willst. Werd glücklich mit ihm. Es ist mir jetzt schon egal, ihr beide könnt mir nicht mehr wehtun. Nur eines: Du lügst, wenn du sagst, du könntest nichts dafür, dass du dich verliebt hast. Es gibt einen Punkt, an dem man sich entscheidet. Ob man sich einlässt oder nicht. Du hast dich entschieden. Und es war dir scheißegal, dass es mich auch noch gab. Also hör auf mit deinem Sisterhood-Gelaber. Wir sind Konkurrentinnen, nichts weiter. Und werden immer gegeneinander kämpfen. Mach's gut, und viel Glück!"

Und dann ging sie nach Hause und lag die ganze Nacht wach. Und am nächsten Morgen wusste sie, dass ihr so etwas nie wieder passieren würde. Und dass sie von jetzt an eine andere war.

In der Schule glotzten alle und tuschelten, wenn sie vorbeiging. Ihr Auftritt im Café hatte sich rumgesprochen. Sie musste da sofort kündigen, aus „persönlichen Gründen", haha. Nur Benjamin hatte nichts mitgekriegt, wie auch, er hing im Augenblick ja nur vor dem Computer. Sie hielt sich an ihn. Maren versuchte, mit ihr zu reden. „Bitte, lass mich einfach nur in Ruhe, okay?"

Nachmittags ging sie zum Friseur. Ihr Zopf landete auf dem Fußboden und wurde in den Müll gefegt. „Jetzt bitte noch blau färben!" Es sah dann ziemlich bescheuert aus, aber wenigstens war sie wirklich nicht wiederzuerkennen. Ihre Mutter brach in Tränen aus, als sie nach Hause kam. „Um Gottes willen, was hast du mit deinen Haaren gemacht?!" – „Lasst mich alle in Ruhe, es ist meine Sache, was ich mache. Mit meinen Haaren und überhaupt!", brüllte sie zurück und schmetterte ihre Zimmertür hinter sich zu. Es würde in der nächsten Zeit nicht lustig werden zu Hause. Sie kramte die Bewerbungsunterlagen für das Austauschjahr aus dem Schrank. Der

Einsendeschluss war noch nicht verpasst. In einem Jahr könnte sie weg sein. Weit weg von dem ganzen Mist.

Sie lernte für die Schule wie eine Bescheuerte, sie wollte dieses Stipendium bekommen. Sie besorgte sich einen neuen Job in einem kleinen 50er-Jahre-Eiscafé am Stadtrand und arbeitete dort drei Nachmittage in der Woche, um so viel Geld wie möglich zusammenzukratzen. Mit ihren Eltern redete sie kaum noch und ihre Freundinnen behandelten sie wie eine Außerirdische. Maren hatte es aufgegeben, sie trösten zu wollen.

Sie putzte gerade die mintgrüne Theke, als Björns Freund Michael das Eiscafé betrat. „Hi, coole Haare. Ich hab gehört, dass du hier arbeitest." Eigentlich wollte sie niemanden sehen, der in irgendeiner Verbindung zu Björn stand. Aber sie schaffte es nicht, nicht mit Michael zu reden. Sie schaffte es auch nicht, nicht nachzufragen, was Björn so machte. Er war mit Anne zusammen. Klar. Und es ging ihm ausgezeichnet. „Schade, dass ihr beide so gar nichts mehr miteinander zu tun habt", meinte Michael. Was sollte sie dazu sagen? Er schien zu glauben, die Geschichte wäre längst gegessen für sie und man könnte mal nett darüber plaudern. Hilflos irrten ihre Augen durch den Raum. In der kleinen Sitzecke saß ein Typ, der sehr charmant sein Eis bei ihr bestellt hatte. „Und eine Kugel Blue Curaçao, die schmeckt bestimmt wie deine Haare." Gut sah der aus. Bestimmt zehn Jahre älter als sie. Als Michael endlich verschwunden war, ging sie zu ihm und gab ihm einen Espresso aus. Er hieß Robert. Und fragte, ob sie nach der Arbeit Zeit habe. „Sicher." In seinem BMW-Cabrio fuhren sie zu ihm.

Eine teuer eingerichtete Wohnung. Cocktailshaker. Hintergrundmusik. Robert war nett und sie beschloss, sich auf der Stelle in ihn zu verlieben. Es war ja sowieso alles egal und jetzt wollte sie es wissen. Er küsste sie. Zog sie auf seinen Futon. In der Nachttischschublade lagen die Kondome und sie widersprach nicht, als er eines auspackte und sich überzog. Er war erst ihr zweiter Mann und sie hatte nicht gedacht, dass sie jemals so schnell mit jemandem ins Bett gehen würde. Aber es war okay, mit ihm zu schlafen, er war viel erfahrener als Björn. Um zwei Uhr morgens fuhr sie mit einem Taxi nach Hause. Ihre Eltern waren noch wach. Warteten auf sie. Veranstalteten den absoluten Affentanz. Das würden sie ihr verbieten, schließlich sei sie erst 16. Sie knallte die Tür zu.

Robert holte sie mit dem Auto von der Schule ab. Ihre Freundinnen staunten. Er zeigte ihr eine ganz andere Welt. Noble Restaurants, Szene-Diskotheken. Er schenkte ihr Klamotten, worüber ihre Eltern entsetzt waren. Er fragte sie, ob sie nicht auch Lust hätte, in der Werbung zu arbeiten. Aber das wusste sie nicht so genau. Eigentlich wusste sie gar nichts mehr.

Benjamin bewunderte sie. Sie erzählte ihm, wie glücklich und verliebt sie sei, und das war auch nicht wirklich gelogen, aber sie erzählte ihm nie die Geschichte von Björn. Sie brauchte kein männliches Urteil darüber. Sie wollte jetzt einfach nur leben.

So wild wie möglich. Sie hatte sich häufig über Benjamins Zurückgezogenheit gewundert, er schien immer irgendwie unter Druck zu stehen. Er hatte sie gefragt, ob sie einen Tanzkurs mit ihm machen wolle, aber seine Frage war ihr halbherzig vorgekommen. Außerdem war sie mit Robert beschäftigt. Als Benjamin ihr eröffnete, dass er schwul sei, kapierte sie endlich, was mit ihm los war. Sie bestärkte ihn darin, es seiner Mutter zu sagen, und freute sich riesig, als er dann einen Freund fand. Nun waren sie zwei Außerirdische in der Schule. Zwei, die anders lebten als die Mehrheit und ein bisschen abseits standen.

In den Ferien fuhr sie mit Robert nach Spanien. Ihre Eltern hatten versucht, sie davon abzuhalten, aber sie hatte ihnen nur geantwortet, dass sie diese Reise in jedem Fall machen würde, mit oder ohne Erlaubnis. Wenn ihnen das nicht passte, sollten sie sie doch rausschmeißen, dann würde sie eben zu Robert ziehen. Ihre Mutter hatte angefangen zu weinen. Aber darum konnte sie sich jetzt wirklich nicht kümmern.

Der Urlaub war aufregend. Tagsüber lagen sie am Strand, abends gingen sie aus. Robert kannte viele Leute dort und präsentierte sie überall stolz. Sie schliefen häufig miteinander. Und Robert drehte ihr den ersten Joint. Wenn sie abends aufs Meer blikkte, dachte sie, dass das alles nur konsequent war. Es war etwas kaputtgegangen in ihr, und jetzt würde sie nie mehr so leben, wie sie sich das in ihren Kleinmädchen-Träumen vorgestellt hatte. Aber ihr Leben war wenigstens nicht spießig. Sondern wild und auf der Überholspur. Und sie hatte überhaupt keine Lust, sich zu fragen, ob sie nicht eigentlich so ganz tief drin ein bisschen unglücklich war.

Ihre Eltern waren froh, dass sie heil zurückkam. Sie erzählte wenig vom Urlaub. Ihre Mutter fragte, ob sie überhaupt was von Spanien gesehen habe. „Ja. Bloß nicht das, was ihr euch in eurem spießigen Kultur-Urlaub angucken würdet." Sie sah aus dem Fenster. Maren saß nebenan in der Sandkiste und starrte in den Himmel.

Maren. Sie wusste nicht mal, wie sie die Ferien verbracht hatte. Interessierte sie das eigentlich noch? Auf einmal war ihr zum Heulen zumute. Maren reagierte kaum, als sie sich neben sie hockte. „Und, schöne Ferien gehabt?" Keine Antwort. „Warum sitzt du hier?" – „Ich hab mich gefragt, ob es noch funktionieren würde, dass du mich siehst und zu mir rauskommst. Wie früher." – „Ich bin hier." – „Wirklich?" Sie konnten nicht mehr miteinander reden. Ihre Freundschaft schien unendlich weit fort zu sein. Sie schwieg und wühlte mit den Zehen im Sand. Da war etwas Hartes.

Sie wühlte weiter. Eine kleine, uralte Plastikschaufel kam zum Vorschein, die dort bestimmt zehn, zwölf Jahre lang im Sand gelegen hatte. „Maren, guck mal!" Sie fing an zu buddeln. Sie hob den Burggraben aus. „Jetzt hilf mir gefälligst!" Maren schaufelte mit den Händen Sand auf einen riesigen Haufen. Sie glätteten die Oberfläche, klopften sie fest und dekorierten die Burg mit Steinen. Maren holte mit einem Eimer Wasser für den Graben. „Sie braucht noch einen Tunnel mehr!" – „Nein, dann bricht sie bestimmt zusammen." – „Doch." Und sie grub einen zusätzlichen Tunnel. Die Burg blieb stehen. Sie sahen sich an. Maren hatte Matsch im Gesicht und sie selbst sah wahrscheinlich kaum besser aus. „Dass wir uns aber auch immer dreckig machen müssen, und das auch noch in den guten Klamotten." Und dann lachten die beiden, prusteten und bewarfen sich mit Sand, so, wie sie es vor Ewigkeiten dauernd gemacht hatten. Ihre Eltern beobachteten sie vom Fenster aus und verstanden gar nichts mehr.

Benjamin hatte auch schöne Ferien gehabt. Und einen neuen Lover. Sie freute sich für ihn, und nach dem Tanzkurs fragte er glücklicherweise auch nicht mehr. Nach der Schule wartete Robert auf sie. Sie packte Maren an der Hand und zog sie mit. „Das ist Maren. Meine beste Freundin aus der Sandkiste." Sie verbrachten einen reichlich verkrampften Nachmittag zu dritt. Maren und Robert konnten nicht wirklich was miteinander anfangen. Es war ihr unangenehm, weil sie nicht wusste, wie sie sich verhalten sollte. Schließlich verabschiedete Maren sich. Um wenigstens für sich einen schönen Abend zu haben, machte sie Robert den Vorschlag, ins Theater zu gehen. Es gab „Kabale und Liebe" von Friedrich Schiller. Robert hatte eigentlich keine Lust, ließ sich aber überreden.

„Toren sind's, die von ewiger Liebe schwatzen, Veränderung nur ist das Salz des Vergnügens. Wir hüpfen von Roman zu Roman, wälzen uns von Schlamm zu Schlamm – Du dahin – Ich dorthin", sagte Ferdinand zu Luise, und dann starben die beiden an vergifteter Limonade.

Robert fand Theater langweilig, und das Stück, das sie eben gesehen hatten, lächerlich. Und sie sah ihn an, sah, wie sein Mund sich bewegte, und fragte sich, wer das eigentlich war, mit dem sie da in einer Cocktailbar saß. „Robert, ich muss dir was sagen. Es war wirklich schön mit dir, und du hast mir ganz viel Neues gezeigt, aber ich hab mich gerade an was erinnert, und ich glaube, wir sollten jetzt Schluss machen." Er guckte ziemlich verständnislos. „Mach's gut."

Zu Hause lag Post für sie. Sie hatte das Stipendium für die USA bekommen. In einem halben Jahr würde es losgehen.

Beim Blick in den Spiegel stellte sie fest, dass die blaue Farbe fast raus war aus ihren Haaren. Sie schmiss die Packung zum Nachfärben in den Mülleimer. Ihre Mutter kam im Nachthemd in die Küche, um zu gucken, was sie da machte. Sie lächelten sich seit langer Zeit mal wieder an. „Gute Nacht."

Am nächsten Tag kaufte sie zwei Theaterkarten und steckte sie in einen Briefumschlag. Sie legte einen Zettel dazu. „Wusstest du, was du mir warst? Du wusstest nicht, dass du mir alles warst", stand da drauf.

Was sie mit dem Briefumschlag machte? Na, was wohl. Sie hängte ihn an eine Vespa, die in einer dunklen Auffahrt stand. Und ging ganz langsam fort.

ENDE

„ES IST VORBEI“
ICH, IMKE, 22

Sein Traum war nicht mein Traum
_Du bist glücklich mit eurem gemeinsamen Leben. Du bist nie allein in all der Zeit und hast immer die Gewissheit, das jemand für dich da ist. Dann plötzlich merkst du: Es ist gar nicht dein Leben! Und wenn du dich jetzt nicht trennst, wird es kein wirkliches Leben für dich geben.

So ging es mir also damals, mit 18. Ich steckte mitten in meiner ersten dramatischen Liebesgeschichte. Er hieß Daniel und wir waren fast ein Jahr zusammen. Ich weiß noch heute, dass er in dieser Zeit mein Traum war. Ich erinnere mich, wie wir intensiv lebten: Wir waren extrem halbstark, wir feierten die wildesten Partys, suchten die ausgefallensten Gelegenheiten, um die Selbstdarstellung auf die Spitze zu treiben.

Wir lebten unseren eigenen Traum, in dem die Realität überhaupt keinen Platz hatte!
Und wir waren glücklich. Lange Zeit ...
Das ging eine ganze Weile gut, bis ich in die Oberstufe kam. Instinktiv wusste ich: Bald beginnt eine neue Zeit, und ich erwachte aus meinem Dornröschenschlaf. Zum ersten Mal nach fast elf Jahren Schule machte ich mir jetzt fundamentale Gedanken über mein Dasein und über meine beginnende Zukunft. Wo liegen meine persönlichen Stärken, wer bin ich und wohin will ich?

Vor mir lagen so viele Möglichkeiten: Die Welt ganz zu erobern und nicht nur ein paar Momente. Ich begriff: Ich habe meine Träume selber in der Hand. Und plötzlich erschien mir die Beziehung mit Daniel als eine reine Spaßbeziehung: leicht, ohne Ernst, ohne Hintergrund und Zukunft.
Daniel erzählte mir nie von seinem wirklichen Traum. Aber eines wusste ich plötzlich sicher: Es war nicht meiner und es wurde mir klar, dass Daniel mich nicht verstand. Ich war so begeistert von meinen „neuen Augen", versuchte mit ihm zu reden. Aber Daniel war zufrieden damit, wie es war, wollte, dass alles beim Alten blieb. „Sei nicht so spießig, leb jetzt und denk nicht an morgen!", sagte er mir.

Es gibt diese Platitude: Leb deinen Traum und träum nicht dein Leben. Aber Daniel träumte einfach weiter. Ich aber wollte meine Träume endlich wahr machen ...
Vor unserer Beziehung, da war Daniel mein bester Freund. Wir redeten, wir diskutierten, wir verstanden uns. In diesen Freund habe ich mich verliebt. In den letzten Monaten unserer Beziehung hörten das Reden, das Diskutieren, das Verstehen auf. Dieser Daniel wurde mir fremd. Unsere Beziehung spiegelte sich nur im Ausgehen, im momentanen Zusammensein, in der Oberflächlichkeit.

Unser Zusammensein lähmte meine Euphorie und ich wurde todunglücklich. Unsere Beziehung zerplatzte wie eine Seifenblase und ich wurde regelrecht krank. Hörte auf zu essen, nahm ab.
Und dann wusste ich etwas. Es ist vorbei. Daniel ist vorbei. Eine wunderschöne Zeit ist Vergangenheit, und ich musste sie hinter mir lassen. Daniel, merkst du denn nichts? Daniel merkte nichts. Dann habe ich ihm Lebewohl gesagt. Habe einfach seinen Schlüssel auf den Tisch gelegt und seinen Traum verlassen. Gute Nacht, Daniel, guten Tag, Leben!

Imke studiert in einer Kleinstadt in Norddeutschland und hat den Traum, später einmal Journalistin zu werden. Imke, bleib bei uns, bitte! **INFO**

[should I stay or should I go?]

_In jeder Beziehung können einmal Probleme auftauchen – früher oder später. Und dann stellt sich die Frage, Kompromisse einzugehen oder diese Partnerschaft zu beenden, denn eine Lösung ist nicht in Sicht. Hier sind fünf Gründe, bei ihr zu bleiben, und fünf Gründe für eine Trennung.

Wer versteht schon die Frauen! Es war doch ausgemacht, dass heute Abend zu Hause der neue Film mit Arnold Schwarzenegger angeschaut wird. Und jetzt zieht sie ein langes Gesicht, will unbedingt in diesen neuen, superangesagten Schuppen. Dabei regnet es und eigentlich wollte Tom den Film heute Abend wieder in die Videothek bringen. Streit liegt in der Luft, er hat es einfach satt, immer nach ihrer Pfeife zu tanzen. Eigentlich nervt diese Beziehung, andererseits liebt er sie sehr, schließlich kann sie auch sehr anschmiegsam sein.

Es ist immer schwer, als Außenstehender eine Beziehung zu beurteilen, vor allem, darüber mit Dritten zu sprechen, fällt den meisten Jungs sehr schwer. Die Kumpels bekommen ihre Partnerschaft ja auch irgendwie gebacken! Doch ob sie glücklich sind? Wichtig in einer Beziehung ist vor allem, dass das Liebeskonto ziemlich ausgeglichen ist. Das heißt, beide geben und beide nehmen. Tom könnte seiner Freundin anbieten, morgen mit ihr in den neuen Club zu gehen. Oder er investiert einige Mark und bringt das Video erst am nächsten Abend zurück. Auch könnte er einfach mit seiner Freundin über ihren plötzlichen Gesinnungswandel sprechen, denn vielleicht legt nur an diesem Abend ein unterirdisch guter DJ auf, den es nicht zu versäumen gilt. Allerdings, wenn sie immer nur auf ihrer Meinung und ihren Launen besteht, sollte Tom die Beziehung überdenken.

schluss

[5 Gründe, zu bleiben]

1 Wenn die Interessen verschieden sind oder du dich langweilst

Es ist ja toll, eine Freundin zu haben, es hat seine positiven Seiten. Doch irgendwie hast du das Gefühl, wenn du mit ihr zusammen bist, dass das Leben draußen ohne dich tobt. Kurz, dir ist langweilig. Oder sie findet, dass du viel zu viel Zeit mit deinem Computer verbringst, sie hingegen stundenlang in einem Straßencafé sitzen kann um sich die Leute anzusehen – das ist ja wie fernsehen – schrecklich.

blue4you-Tipp:

Kompromisse schließen! Es gibt total abgefahrene Menschen auf der Straße, die skurriler sind als jede „Big Brother"-Folge. Du musst nur sehen lernen. Andererseits kannst du ja versuchen, sie für einige Internetseiten zu begeistern – es gelingt dir bestimmt!

2 Wenn ihre Freundinnen dabei sind, verhält sie sich dir gegenüber anders

Frauen alleine sind schon in Ordnung, nur geballt auf einem Fleck erträgt das kein vernünftiger Mann. Gekichere, Gegackere, da ist scheinbar kein einziger vernünftiger Satz möglich. Du fühlst dich deplaziert, hast plötzlich überhaupt keinen Draht zu deiner Freundin, und sie bemerkt das nicht einmal. Du fühlst dich wie der kleine Dackel, den man eben mal mitgenommen hat.

blue4you-Tipp:

Am Anfang einer Beziehung sieh darüber hinweg, die meisten Mädchen sind Gänse, das ist auch weiter nicht schlimm, sie brauchen ihre Freundinnen, um ablästern zu können. Entweder du meidest weitgehend die Ansammlung von ihren Freundinnen oder fühlst dich ganz Gentleman, denkst dir deinen Teil und schweigst!

3 Wenn sie zu wenig Zeit für dich hat

Klavierstunden, Ballettunterricht, Jazztanzen, Yoga und Französisch-Intensivkurs, damit ist die Woche verplant. Und am Wochenende gibt es für sie die Ausflüge mit den Eltern oder Schularbeiten schreiben. Und was ist mit dir? Du wirst für ein, zwei Stunden eingeschoben. Das ist eines Mannes unwürdig.

blue4you-Tipp:

Mach ihr klar, dass auch du ein fester Bestandteil in ihrem Leben bist und sie sich auch um dich kümmern solltest. Vereinbar fixe Stunden bzw. Tage, an denen ihr euch seht.

4

Wenn sie mit deinen Freunden nicht klarkommt

Du hast ohnehin das Treffen zwischen deiner neuen Freundin und deinen Kumpels hinausgezögert, doch sie will sie unbedingt kennen lernen. Und jetzt zieht sie nur über sie her: „Blöde Typen, die nur Busen und Motorräder im Kopf haben." Was du mit denen zu schaffen hättest, mit diesen Vollidioten.

blue4you-Tipp:

Triff deine Freunde in Zukunft alleine, das muss sie akzeptieren. Sind allerdings andere Frauen dabei, nimm sie mit, dann fühlt sie sich nicht mehr so verlassen unter all den Männern und hat jemanden zum Quatschen.

5

Wenn sie mit dir nicht ins Bett will

Sie hat nichts gegen Kuscheln, Streicheln und Knutschen, doch wenn du endlich zur Sache kommen willst, weil du das Gefühl hast, jeden Moment zu explodieren, winkt sie ab. Es sei noch zu früh, sie müsse dich erst noch länger kennen und außerdem sei sie noch Jungfrau. Eine komplizierte Sache, aber so ist nun einmal das Leben.

blue4you-Tipp:

Dräng sie nicht, denn damit erreichst du höchstens das Gegenteil von deinem angestrebten Ziel. Frauen sind in dieser Beziehung viel sensibler als Männer. Für sie ist das „erste Mal" tatsächlich ein weltbewegendes Ereignis. Frauen wollen vorbereitet sein und es romantisch haben. Sprich sie von Zeit zu Zeit darauf an, einmal kommt der Tag, und wenn du sie liebst, kannst du noch ein bisschen warten.

Außerdem – selbst ist der Mann!

[5 Gründe, die Beziehung zu beenden]

1

Wenn sie dich betrogen hat oder vor deinen Augen mit anderen flirtet

Wenn sie dich betrogen hat und es dir erzählt hat, will sie nur die Absolution dafür. Sie kränkt dich und nimmt die Tatsache, dass du ihr verzeihst, womöglich als Freibrief, wieder einmal zur Seite zu springen. Hast du hingegen ihr Fremdgehen von anderen erfahren, stell sie zur Rede und hör auf deine Gefühle, ob du ihr tatsächlich verzeihen kannst. Allerdings mach mit ihr sofort Schluss, wenn sie in einer Disco oder wo auch immer vor deinen Augen mit anderen Jungs flirtet. Was macht sie dann, wenn du nicht dabei bist!

Wenn sie dich verändern will

Dein Sweater ist zu schlabbrig und die Hosen nicht modisch genug, außerdem sind lange Haare schon seit einer Ewigkeit out. Zudem hört man schon lange nicht mehr Grunge und dein ständiges Wippen mit dem rechten Fuß nervt sie tierisch. Kommt dir das bekannt vor?

blue4you-Tipp:

Verlass sie, denn sie liebt nicht dich, sondern will nur einen Mann an ihrer Seite. Und da scheinbar kein besserer zur Stelle war, hat sie dich genommen. Aber sie liebt dich nicht wirklich, denn sonst würde sie genau das, was dich von anderen unterscheidet, an dir lieben.

Wenn sie dich vor ihren Freunden versteckt

Jetzt kennst du sie schon seit drei Monaten, doch ihren Freunden wurdest du noch nicht vorgestellt. Entweder haben sie keine Zeit oder sie ist eigentlich lieber mit dir alleine zusammen. Warum versteckt sie dich? Findet sie dich vielleicht doch nicht so toll oder geniert sie sich sogar für dich? Wenn ihr zufällig jemanden auf der Straße trefft, den sie kennt, stellt sie dich auch nicht als ihren Freund vor. Diese Frau steht nicht zu dir, deshalb mach Schluss mit ihr.

Wenn sie von deinem Geld lebt

Das Taschengeld ist immer zu knapp, doch dafür kann man jobben gehen oder den Eltern vielleicht erklären, dass schließlich alles teurer wird. Ist sie einmal knapp bei Kasse, ist das kein Thema, da kannst du schon mal bezahlen. Doch hat sie immer zu wenig Geld bei sich, es vergessen oder immer eine tolle Ausrede parat, hat aber die neuesten Designer-Klamotten an, dann will sie eigentlich nicht dich, sondern dein Geld. Die Zeiten sind vorbei, wo immer nur der Mann zahlt, schließlich bist du auch nicht reich und lebst wie Krösus, also bitte, mehr Emanzipation.

Wenn sie deine romantische Ader lächerlich findet

Du bist über beide Ohren in sie verliebt. Wenn du morgens aufwachst, kannst du dich gar nicht gegen die vielen Schmetterlinge in deinem Bauch wehren, die da herumflattern. Du schreibst ihr kleine Liebesbriefe, brennst für sie die neuesten Hits auf CD und lässt dir bei den Treffen etwas Besonderes einfallen. Doch sie scheint das alles nicht zu würdigen, findet es sogar lächerlich oder kindisch. Verlass sie sofort, denn sie ist nicht in dich verliebt. Du liegst mit deiner romantischen Ader richtig, leider nicht bei ihr.

[freunde fürs leben]

Simone war meine absolute Traumfrau. Sie war so anders als alle anderen Mädchen bisher. Für sie habe ich mein Fußballtraining aufgegeben, habe angefangen, Bücher zu lesen und ins Theater zu gehen. Ich hätte einfach alles für sie getan.“ Knapp zwei Jahre war Christoph, 20, Auszubildender mit Simone zusammen. Dann verließ sie ihn. Christoph war wie am Boden zerstört. „Ich hatte das Gefühl, als würde mir der Boden unter den Füßen weggezogen. Tagelang saß ich einfach nur zu Hause und habe die Wand angestarrt. Plötzlich wusste ich nichts mehr. Nicht, wer ich bin, noch, was ich will.“ Erst langsam wird Christoph klar, wie sehr er sich für Simone verändert hat. Wie sehr er seine alten Freunde vernachlässigt hat, nur um ihr zu gefallen. Und wie sehr er die alten Zeiten vermisst. Klar, gerade, wenn du frisch verliebt bist, versuchst du natürlich vor allem deiner Freundin zu gefallen. Die Freunde stehen dann erst einmal hintenan. Erst wenn die Beziehung zu Ende geht, merkst du, wie sehr du deine Freunde eigentlich brauchst. Wie wichtig es ist, du selbst zu bleiben. Mit deinen Hobbys, deinen Interessen und vor allem: deinen Freunden. Gerade am Anfang ist es natürlich schwer, wieder auf die anderen zuzugehen. Du hast ein schlechtes Gewissen, denkst, die anderen wollen nichts mehr von dir wissen.

freunde

blue4you-Psychologin Maike Carrels: „Klar ist es gerade am Anfang unangenehm, sich nach so langer Zeit wieder bei den alten Freunden zu melden. Aber die meisten haben Verständnis dafür, dass der andere sich erst einmal zurückgezogen hat.“ Weil die meisten von ihnen auch schon einmal verliebt waren. Und wissen, wie das ist. Also, einfach den Hörer abnehmen und anrufen. Und wenn sich mal einer nicht sofort zurückmeldet, heißt das ja nicht, dass er dich nicht mehr mag. Er hat vielleicht bloß – während du auf Wolke sieben geschwebt hast – sein eigenes Ding gemacht.

Christoph spielt mittlerweile wieder regelmäßig Fußball. Als er das erste Mal nach der langen Zeit wieder auf den Fußballplatz kam, wurde er von seinen Freunden mit lautem Gejohle begrüßt. „Es war toll. Ich war zwar immer noch unglücklich wegen Simone, wahrscheinlich bin ich es immer noch. Aber zumindest bin ich nicht mehr allein.“

Die Freunde bauen dich wieder auf, wenn es dir schlecht geht.

der beste freund

Der beste Freund. Der, mit dem du alles teilen kannst. Freud und Leid, Spaß und Ernst. Mit dem du Video gucken und Fußball spielen, Nächte durchfeiern und ins Kino gehen kannst. Und manchmal auch nur einfach dasitzen und reden kannst. Über Gott und die Welt. Und natürlich über Mädchen. Und manchmal auch über Gefühle. Denn auch Jungs haben das Bedürfnis nach einem, bei dem sie sich ausweinen können. Der sie tröstet. Ihnen Tipps und Ratschläge gibt. Und das Gefühl, dass das Leben weitergeht. Irgendwie.
Andreas, 22, ALL ABOUT ADAM-Botschafter: „Es stimmt einfach nicht, dass nur Mädchen den Wunsch haben, sich bei jemandem auszuheulen. Jungs sind genauso verletzt und unglücklich, wenn eine Beziehung zu Ende geht.“ Und wenn sie Glück haben, haben sie einen besten Freund, der dann für sie da ist. Knapp drei Jahre war Andreas mit seiner großen Liebe Katja zusammen.
Nachdem Katja ihn verlassen hatte, fuhr Andreas trotz Tournee jedes Wochenende nach Münster zu seinem besten Freund Carlos: „Wir sind nächtelang zusammen um die Häuser gezogen. Von Disco zu Disco. Immer auf Achse. Nur nicht nachdenken.Carlos war mein Rettungsanker in der Not, und ich weiß nicht, was ich damals ohne ihn angefangen hätte.“
Und genau deshalb ist es so wichtig, dass du deine Freunde nicht vergisst – auch wenn du gerade im siebten Himmel schwebst. Verliebtheit geht leider oft schnell vorbei, Freunde hat man manchmal ein Leben lang!

Die Geschichte von Andreas findest du auf Seite 132 in ALL ABOUT ADAM

"BERÜHR MEINE SEELE NICHT"
ICH, NAIMA, 21

_Dies ist mein Brief an dich, Silvio! Ich schreibe ihn an den Jungen, den ich einmal so sehr geliebt habe. Und ich erzähle dir von dem Jungen, der mir so sehr wehgetan hat: Ich erzähle dir von Silvio, dem Arschloch.

Anfangs dachte ich: Was für ein Angeber! So gewollt cool, so ein kleiner Schmalspurmacho. Gerade mal 16 warst du. Alle Mädchen kannten Silvio, den Baggerkönig. Und jede meiner Freundinnen wusste: Der macht jedes Mädchen an! Den ersten Sex mit 13: Der absolute Supermann, nicht? Ich konnte dich nicht ausstehen!

Du wolltest mich an diesem Nachmittag nur nach Hause begleiten, und ich dachte: „Oh Gott, nur das nicht."

Wir gingen den Weg trotzdem zusammen und irgendwie, irgendwann ... fand ich dich: süß, nett, vielleicht sogar lieb, total lieb. Du warst so witzig und unverkrampft und wir konnten echt miteinander reden. Es waren wunderschöne Stunden, die doch nur Minuten dauerten.

Ich habe meine Vorurteile über Bord geworfen und als du mich ein paar Tage später hinter der Schule geküsst hast, habe ich das zugelassen. Dich zugelassen. Ich habe mich in dich verliebt.

Wir hatten die schönste Zeit, die ich bis heute mit einem Jungen erlebt habe. Du konntest so zärtlich sein, so charmant, so spontan. Erinnerst du dich an den Abend, als wir Burger kauften und aufs Dach dieses Hochhauses in der Hoheluft geklettert sind. Wir haben gekaut und in den Himmel geschaut, und du hast mir zu jedem Stern eine Geschichte erzählt?

Ein Mädchen verliebt sich, wenn ein Junge ihre Seele berührt.

Ihr müsst gar nicht so großartig sein, wie ihr immer glaubt, so schön, so stark, so toll. Ein Mädchen wünscht sich ganz einfache, grundlegende Dinge. Ehrlichkeit, Freundschaft, Treue, Beständigkeit. Und die kleinen überraschenden Momente, die uns zeigen: Der Typ hat dich lieb!

Auch du hast mich überrascht. Schon ziemlich am Anfang unserer Beziehung. Schon nach wenigen Monaten hast du mich betrogen. Ich habe dir dann verziehen, ich habe dir damals geglaubt, aber es hat mich verdammt verletzt. „Es hat nichts mit dir zu tun", hast du gesagt, „vergiss es, du brauchst nicht eifersüchtig zu sein, es gibt nur dich" ... Silvio, der Sprücheklopfer!

Was war denn mit deiner Eifersucht, Junge?! Anfangs fand ich das sogar noch niedlich. Herrgott! Meine Klamotten waren dir zu sexy, das Make up zu auffällig. Eine Dame wolltest du, hast du gesagt, aber gemeint hast du: ein braves, kleines Mädchen, das alles tut und dir überall hin folgt. Und als ich dann mit Oli P. auf Tour gehen sollte: Da bist du fast ausgeflippt! Und fast hätte ich meine Chance sausen lassen, nur um bei dir zu sein.

Über mehr als vier Jahre ging unsere Zeit, die Unterbrechungen mit eingerechnet: Die Wochen oder Monate, in denen du immer wieder zu einer anderen gegangen bist, mich betrogen hast. Die unzähligen Male, die du mich verlassen hast. Aber immer wieder bist du zurückgekommen. Hast gesagt: „Ich hab mich geändert!" und: „Diesmal wird alles anders!" Und ich habe dir immer wieder die Tür geöffnet. Und mit ihr meine Seele.

Das ist jetzt vorbei. Es ist Schluss. Es hat Klick gemacht. Ich habe mir so oft eingeredet: Er liebt dich, Naima, du bist Silvios große Liebe! Er kann es nur nicht zeigen!

Dein Bild in meinem Herzen war eine einzige Selbstlüge. Ich sehe heute die Wahrheit. Nur ohne dich im Herzen, kann ich neu beginnen. Du hast meine Seele berührt. Nicht mehr ...

Mit Oli P. sang sie zuerst, dann wollten ihre Fans sie alleine: „Berühr meine Seele nicht" ist auch der Titel ihrer zweiten CD, ihr erstes Album folgt.

INFO

[rosen für die ex]

_Es ist Schluss und du bist erleichtert. Und irgendwie heilfroh, dass du endlich drüber weg bist.

die bist du los. Und zwar endgültig. Dabei weißt du plötzlich nicht mehr, ob du dich darüber freuen sollst oder bloß traurig bist. Zugegeben, es war dir auf einmal alles zu viel. Eure Beziehung hat dich eingeengt und du sahst nur einen einzigen Weg, um dich zu befreien. Worum es jetzt geht, ist, wie es mit euch weiterläuft. Traurig seid ihr sicher beide, immerhin habt ihr ja auch eine längere Zeit zusammen verbracht, da ist es nie leicht, sich zu trennen. Und jetzt? Du hast Angst, dass sie nie wieder ein Wort mit dir reden wird? Dass du sie ganz verloren hast? Und du denkst bei dir, dass das verdammt schade wäre ... Aber vielleicht irrst du dich auch und sie denkt auch noch ganz schön oft an dich. Ob sie das Gleiche will wie du?

Eine Freundschaft?–Find es heraus, denn vielleicht gelingt euch nach einer Ruhepause ein Neuanfang. Du fragst dich, wie du es anstellen sollst, um mit ihr eine rein platonische Beziehung aufzubauen? Außerdem glaubst du, dass das doch alles dummes Zeug ist. Diese Story von der Freundschaft, die man findet, wenn die Liebe zerbrochen ist. Nein, diese Geschichten passieren wirklich. Du musst nur ein bisschen nachhelfen. Wenn du mit einem Mädchen Schluss gemacht hast, erwarte nicht, dass sie dir gleich darauf völlig normal begegnen kann. Wie auch? Sie ist enttäuscht und tief verletzt.

Und das musst du erst mal so hinnehmen, schließlich bist du daran ja nicht ganz unschuldig. Doch wenn dir wirklich etwas an ihr liegt, werdet ihr einen Weg finden, auf andere Art miteinander auszukommen. Ragna zum Beispiel war wie vor den Kopf gestoßen, als ihre Beziehung zu Manuel nach eineinhalb Jahren schlagartig aus war. Er war ihre erste große Liebe, sie hatte ihn in einem

Ferienlager kennen gelernt, und irgendwann, als sie schon eine Weile zusammen waren, wurden seine Freunde auch ihre. Klar, dass man da nicht einfach alles ausknipsen kann, was einmal war. „Am liebsten hätte ich ihn nie wieder gesehen. Er hatte mich so verletzt“, erzählt uns die 16-Jährige. „Aber daran, wie er sich dann um mich bemühte, sah ich dann auch, dass ich ihm wirklich wichtig bin. Er rief an, besuchte mich. Fragte auch meine Freundin, ob es mir gut geht. Er hat sich echt für mich ins Zeug gelegt.“

Na, fragst du dich noch immer, warum Ragna dann doch wieder mit Manuel klarkam? Er zeigte ihr, wie viel sie ihm bedeutet, wie sehr er sie auch weiterhin mag. Mach es so wie er, wenn dir noch was an deiner Ex liegt. Lass den Kontakt zu ihr nicht abreißen. Verabrede dich ruhig mit ihr, aber vielleicht vermeidest du es, sie an eurem alten Lieblingsplatz zu treffen. Und du solltest auch nicht so gedankenlos sein und ausgerechnet eure CDs auflegen, wenn sie dich besucht: Die Songs, die ihr immer zusammen gehört habt, würden sie doch nur an längst Vergangenes erinnern. Damit würdest du es ihr nur schwer machen.

Und wenn du dich wieder verliebt hast, nimm Rücksicht auf ihre Gefühle. Du brauchst sie nicht anzulügen und sollst auch nicht verschweigen, dass du glücklich bist. Aber vergiss darüber nicht ihre Emotionen. Dann habt ihr eine echte Chance, etwas aus eurer neuen Situation zu machen. „Ich bin froh, dass Manuel sich so bemüht hat. Es wäre eine echte Katastrophe gewesen, wenn wir uns aus dem Weg gegangen wären." Denkst du jetzt vielleicht, dass es doch am bequemsten wäre, wenn sie sich wieder verliebt? Weil du dir dann keine Sorgen mehr um sie machen musst? Mag sein, dass diese Rechnung aufgeht, doch viel wichtiger ist, dass du euer Verhältnis unabhängig davon wieder auf die Reihe bekommst. Wag den Neustart in die Freundschaft mit deiner Ex. Geh auf sie zu, wenn dir etwas an ihrer Person liegt. Auch wenn du ihr nicht mehr das geben willst, was einmal war.

Selbst wenn ihr etwas ganz Besonderes verloren habt, das nie wieder zurückkommt, hast du jetzt dieMöglichkeit, ein neues Verhältnis zu ihr aufzubauen. Schließlich begegnet man nicht jeden Tag einem Mädchen, mit dem man auf gleicher Wellenlänge liegt, oder? Versuch aber auch, keine falschen Hoffnungen bei ihr zu wecken. Weißt du wirklich, was du von ihr willst? Bist du dir im Klaren darüber, dass es ein ganz neutrales Verhältnis ist?

Denn stell dir vor, sie macht sich Hoffnungen, dass ihr wieder zusammenkommt, und wird noch einmal enttäuscht. Dann ist der Zug für dich und eine Freundschaft mit ihr womöglich endgültig abgefahren ...
Und wie sieht es eigentlich aus, wenn sie dich verlassen hat. Und du ihr noch immer hinterhertrauerst? Wenn sie dich so tief verletzt hat, dass du es nicht aushalten würdest, wenn ihr euch wie Freunde begegnet. Weil du dann so tun müsstest, als wäre da nie etwas gewesen zwischen euch? Dann mach ihr klar, dass du deine Zeit brauchst. Immerhin hat sie dich wegen dieses anderen Typen sitzen lassen. Mit dem siehst du sie jetzt immer zusammen und du kannst es überhaupt nicht verstehen, warum sie dann noch etwas von dir will. Weiß sie nicht, was sie will? Vielleicht doch: „In Lutz war ich mal unheimlich verliebt“, erzählt uns Sandra. „Doch das ist vorbei. Trotzdem kenne ich keinen Jungen, mit dem ich mich so gut verstehe. Lutz konnte ich alles erzählen, ich habe ihm völlig vertraut. Das soll alles vorbei sein? Sandra hofft natürlich, dass sich die Beziehung zu Lutz wieder einrenkt. Dass er enttäuscht ist, weiß sie. „Ich kann ihn ja verstehen, deshalb lasse ich ihn erst mal in Ruhe. Aber ich würde schon gern weiter mit ihm befreundet sein.“ Lutz hat es dann geholfen, dass Sandra hartnäckig blieb.

Wenn ein Mädchen dich richtig mag, dann wird sie nicht so schnell aufgeben. Sie wird dir immer wieder aufs Neue beweisen, dass ihr noch etwas an dir liegt. Wenn sie es schafft, dass erste Eis zu brechen, und dir zeigt, dass es ihr ernst ist, dann kannst du dich vielleicht auf eine platonische Freundschaft einlassen. Wer weiß, wenn du dich neu verliebst, wird sie vielleicht deine beste Beraterin sein. Denn sie kennt dich immerhin unheimlich gut, oder? Was aber, wenn du nicht darüber hinwegkommst, dass ihr euch getrennt habt? Wenn du sie nicht vergessen kannst? Dann findest du vielleicht im Kapitel „Komm zurück zu mir“ ein paar Tipps, wie es dir gelingt, deine Ex wieder zu verzaubern ...
Viel Glück.

Siehe S. 164 „Komm zurück zu mir“

[komm zurück zu mir]

_Sie ist weg. Du hast sie verlassen, weil dir alles zu viel war. Und jetzt? Sie ist dir doch völlig egal. Und du lässt dir nichts anmerken.

Wäre ja auch das Letzte, wenn sie glauben würde, es macht dir etwas aus. Hey, über die wirst du doch ganz schnell hinwegkommen. Und außerdem: Es gibt schließlich noch andere tolle Mädchen, oder? Trotzdem, es tut ganz schön weh ...
Am liebsten würdest du dich nur noch verkriechen. Die ersten Tage klappte die Vogel-Strauß-Methode ja auch ganz gut. Aber irgendwann musst du auch mal wieder hervorkommen. Okay, du wirst sie niemals vergessen, das ist dir schon klar. Wie es ihr wohl damit geht, fragst du dich? Du versuchst, die Gedanken an sie zu verdrängen. Aber es klappt nicht. Was ist denn bloß los mit dir? Nach einer Weile ohne sie, vermisst du sie plötzlich.

Kämpf um deine Liebe

Warum? Weil das, was ihr zusammen hattet, einmalig war. Wenn du sie noch liebst, wird dir dein Gefühl niemals Ruhe geben. Deshalb musst du etwas unternehmen, wenn du sie zurückgewinnen willst. Na schön: Vielleicht gibt es einen Weg. Versuch es, gib nicht auf. Kämpf um deine Liebe. Denn vielleicht geht es ihr genauso wie dir. Eine ähnliche Geschichte hat Melanie erlebt. Sie erzählte uns von ihrer großen Liebe und von dem schmerzlichen Gefühl, wenn sie an Ludger zurückdenkt. Und sie erinnert sich dabei auch an all die Widersprüche, die sie dabei empfunden hat. Schließlich tat Ludger ihr unheimlich weh, als er sie verlassen hat. „Ich kann es selbst kaum glauben. Dieser Typ verletzte mich so sehr und trotzdem vermisse ich ihn. Ich wünsche mir nichts sehnlicher, als wieder mit ihm zusammen zu sein.

Ob Melanie verrückt ist? Nein, aber sie kann einfach nichts gegen ihre Gefühle tun. Wenn ein Mädchen unsterblich in dich verliebt ist, kann es schon mal sein, dass sie sich so gegensätzlich verhält. Du dachtest, eure Beziehung sei endgültig over. Dabei liebt sie dich noch und kann es bloß nicht zeigen. „Was für ein einziges Emotions-Chaos“ denkst du? Doch vorstellbar ist so ein Versteckspiel schon. Wie das bei Melanie aussah, beschreibt am besten ein Gedicht, dass sie uns gab:

Ich hasse ihn
Von ganzem Herzen!

Dafür,
dass er der Einzige ist,
der mich verletzen kann.

Dafür,
dass ich jedes Mal nicht ich selbst bin,
wenn ich ihn sehe.

Dafür,
dass alles andere in seiner Anwesenheit
so unwichtig wird.

Dafür,
dass er der Einzige zu sein scheint,
der mich glücklich machen kann.

Ich hasse ihn von ganzem Herzen ...
... Aber eigentlich hasse ich mich selbst,
weil ich ihn immer noch liebe!!

Melanie schaffte es dann doch noch irgendwie, über die Trennung hinwegzukommen. Weil sie nicht den Mut hatte, Ludger zu zeigen, wie sehr sie ihn zurückwollte. Und er? Er hat nichts mehr daran geändert, hat nichts versucht, obwohl er noch oft an sie denken musste. Vielleicht, weil Ludger selbst Angst hatte? Und so ist das auch manchmal bei Mädchen. Sie halten sich zurück, obwohl sie etwas anderes wollen. Aus Angst vor einer noch tieferen Enttäuschung vielleicht. Lea zum Beispiel hat etwas Ähnliches erlebt: Schon seit zwei Jahren war sie nicht mehr mit ihrem Freund zusammen und doch lief da noch was zwischen den beiden. Immer wieder hat sie mit Tom geschlafen. Wenn sie an diese lange Zeit denkt, versteht sie selbst kaum, warum sie so große Angst vor der endgültigen Trennung hatte: „Obwohl ich ihn doch eigentlich schon verloren hatte, war meine schlimmste Angst, dass er ganz Reißaus nimmt. Nur deshalb war ich nie ganz offen. Ich habe ihm nie gesagt, wie viel ich noch für ihn empfinde." Stattdessen verstrikkte sich Lea und machte auf offene Beziehung, die eigentlich gar keine sein sollte. Wenn es nach ihr gegangen wäre.

Noch eine Chance

Moment mal, das kommt dir bekannt vor? Wenn du noch eine Chance für eure Beziehung siehst, dann steck nicht den Kopf in den Sand. Verbarrikadier dich nicht hinter der Traurigkeit, sondern kämpf um sie, wenn sie es nicht kann! So wie Lina, die auch völlig verzweifelt war, als Luis sie nach acht Monaten sitzen ließ. Er stand eines Tages vor ihr und stammelte etwas von „mehr Zeit für sich selbst haben" und „muss mir erst mal klar über uns werden". Da war sie viel zu überrumpelt, um ihm das Richtige zu antworten. Nicht im Traum fiel ihr in dem Moment ein, ihm zu zeigen, wie sehr sie bereit wäre, um seine Liebe zu kämpfen. Denn glaub nicht, dass ein Mädchen es nicht selbst fühlt, wenn zwischen euch nicht mehr alles so ist, wie es sein sollte. Vielleicht wart ihr viel zu oft zusammen? Wie Lina und Luis, die trotz der vielen Stunden miteinander immer weniger aus ihrer Beziehung gemacht haben.

All ihre anderen Freundschaften gingen in die Brüche und was blieb? Zu wenig scheinbar, um rundum glücklich zu sein. Aber mal im Ernst. Machen wir nicht alle mal diesen Fehler? Wir hängen uns in unsere Beziehung zu sehr rein, um dann – zu spät? – realisieren zu müssen, was dabei auf der Strecke blieb.

Vergiss eines nicht, auch wenn diese Kritik angebracht ist. Wenn dein Gefühl für den anderen noch stimmt, dann ist noch lange nicht alles zu spät! Lina zum Beispiel ignorierte zum Glück die Tipps ihrer besten Freundinnen. Die rieten ihr nämlich, Luis schnell zu vergessen. Sie versuchten auch, sie dazu zu bewegen, die Fotos von ihm zu verbrennen. Und alle Briefe wegzuschmeißen, oder besser noch, sie im Garten zu vergraben. Als könnte Lina ihre Erinnerung an diesen Jungen zudecken, wenn sie alles verbuddelt. Doch die Studentin merkte ziemlich schnell, dass sie sich mit all diesen Versuchen nur selbst belogen hätte. Denn sie wollte und konnte Luis nicht aus ihrem Leben verbannen. Sie wollte ihn zurück. Belüg dich nicht selbst. Wenn es dir einmal ähnlich geht, dann vermeide diese Art von Selbstbetrug.

Nimm dir lieber etwas Zeit, um Revue passieren zu lassen, was in eurer Beziehung besonders schön und ungewöhnlich war. Und vor allem, gib euch beiden diese Zeit, um wieder Lust aufeinander zu bekommen: darauf, den anderen wieder zu sehen. Eine Zeit der Trennung lässt auch die Sehnsucht wieder wachsen. Dieses tolle Gefühl, den anderen zu vermissen. Das ist eure Chance, euch Raum zu geben. So kannst du entdecken, ob sie dich ebenfalls vermisst, ob du in ihrem Leben fehlst. Ihr konntet doch so wunderbar miteinander reden? Und wenn ihr übers Wochenende am Meer wart oder zusammen auf einem Openair-Konzert, dann war euer Glück vollkommen?

Taktische Spielchen?

Na, dann weißt du doch schon genau, was es wieder zu finden gilt. Willst du sie wirklich zurückgewinnen? Dann verzichte auf taktische Spielchen. Du willst doch auch, dass eure Beziehung beim nächsten Mal besser läuft, nicht wahr? Zeig ihr deutlich, dass dir die alten Fehler klar geworden sind und dass du einen Plan hast, wie es beim nächsten Mal besser laufen kann. Sei offen und trau dich ruhig zu sagen: „Ich möchte eine zweite Chance. Denn wir passen doch so gut zusammen.“ Damit machst du dem Mädchen klar, dass du eure Beziehung nicht einfach nur laufen lassen willst, sondern sie mit ihr zusammen gestalten wirst. Und diesmal kannst du es schaffen. Mit ihr zusammen. Dann wirst du sehen: Sie ist wieder da!

FOTOS_Caroline Marti und Thomas Rusch
FASHION DIRECTOR_Brigitte Magaretha Wilhelm
MAKE-UP & HAIR_ Steffen Zoll
MAKE-UP & HAIR ASSISTENZ_Astrid von der Kamers
STYLING ASSISTENZ_Astrid Lafos
LOCATION_Aplanat Studios Hamburg
AUSSTATTUNG_Joop!, FKK, Fielmann

[beauty]

Paule strafft ihr Dekolleté mit Wechselbädern: heiße Umschläge und Eiswürfel im Wechsel. Da beschlägt Luke doch gleich die Brille.

Das ist Luke und er trägt Joop und eine Bronzing-Lotion (Bodyglow von Nars). Da wird Paule wild: Spezielle Haarlotions machen krause Haare glatt (Get it Straight von Sebastian).

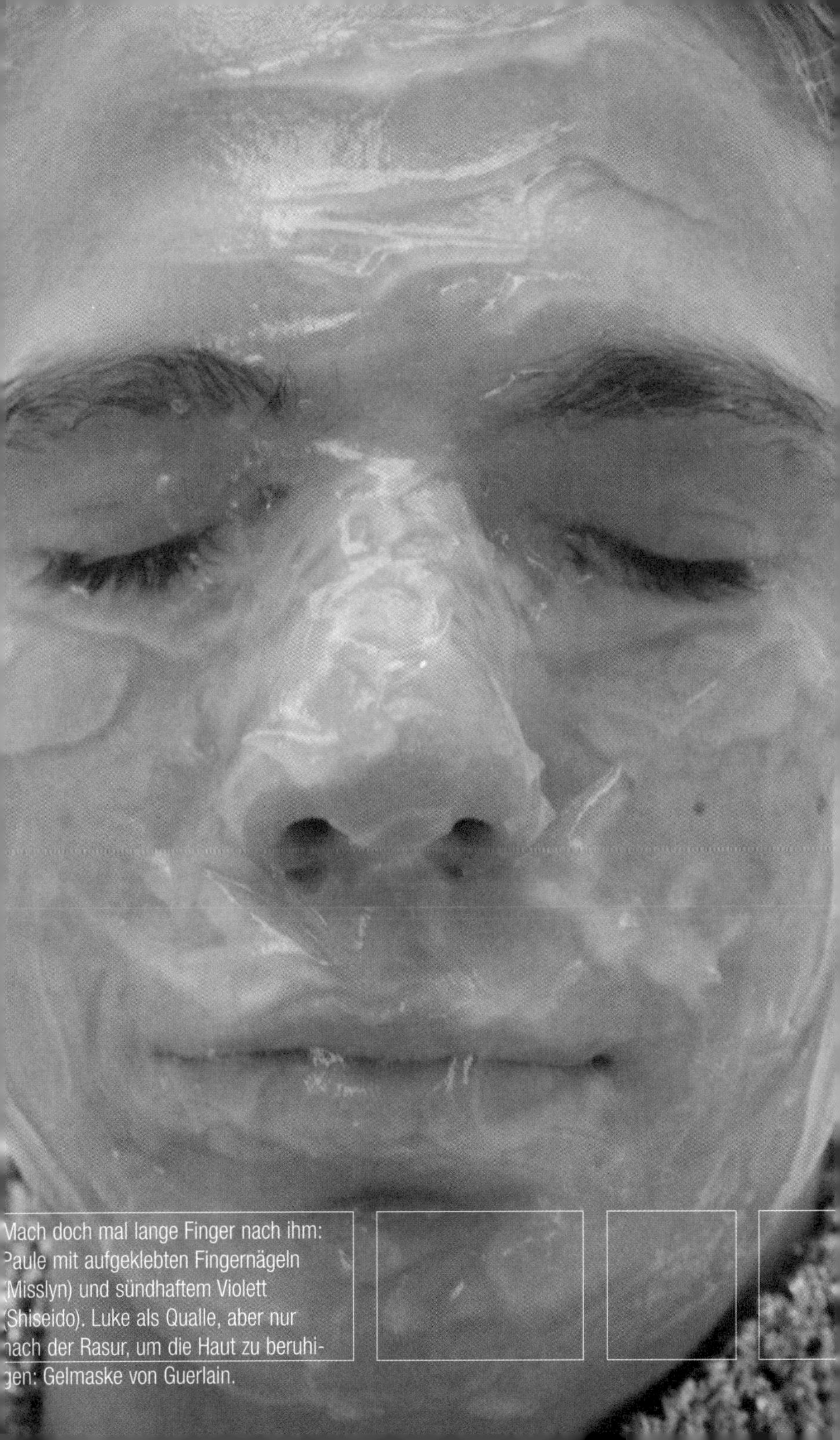

Mach doch mal lange Finger nach ihm: Paule mit aufgeklebten Fingernägeln (Misslyn) und sündhaftem Violett (Shiseido). Luke als Qualle, aber nur nach der Rasur, um die Haut zu beruhigen: Gelmaske von Guerlain.

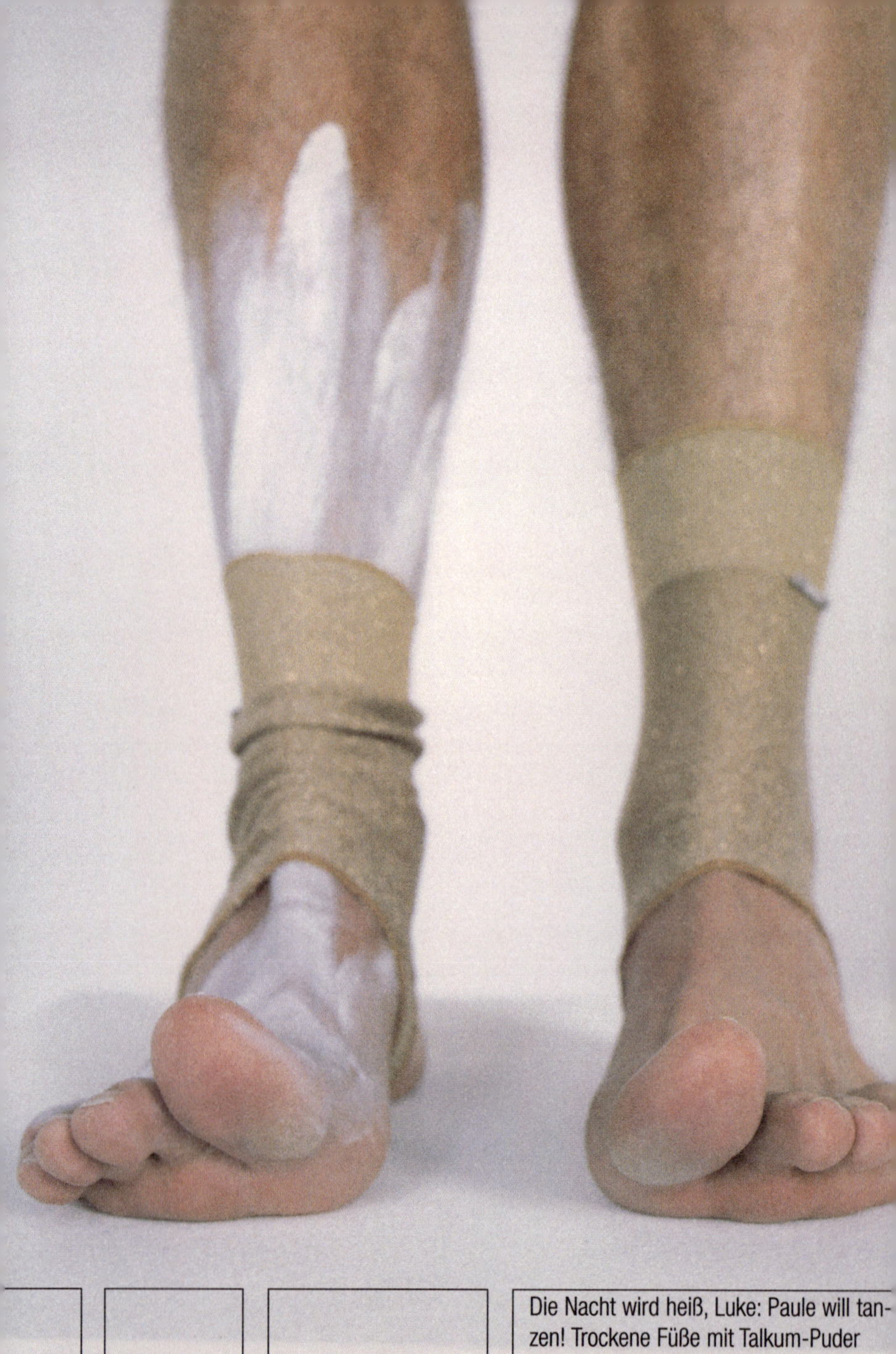

Die Nacht wird heiß, Luke: Paule will tanzen! Trockene Füße mit Talkum-Puder (Reformhaus), Erfrischung für danach mit Pfefferminze (Blätter fürs Foto, Kühlungsgels mit Minze vom Bodyshop).

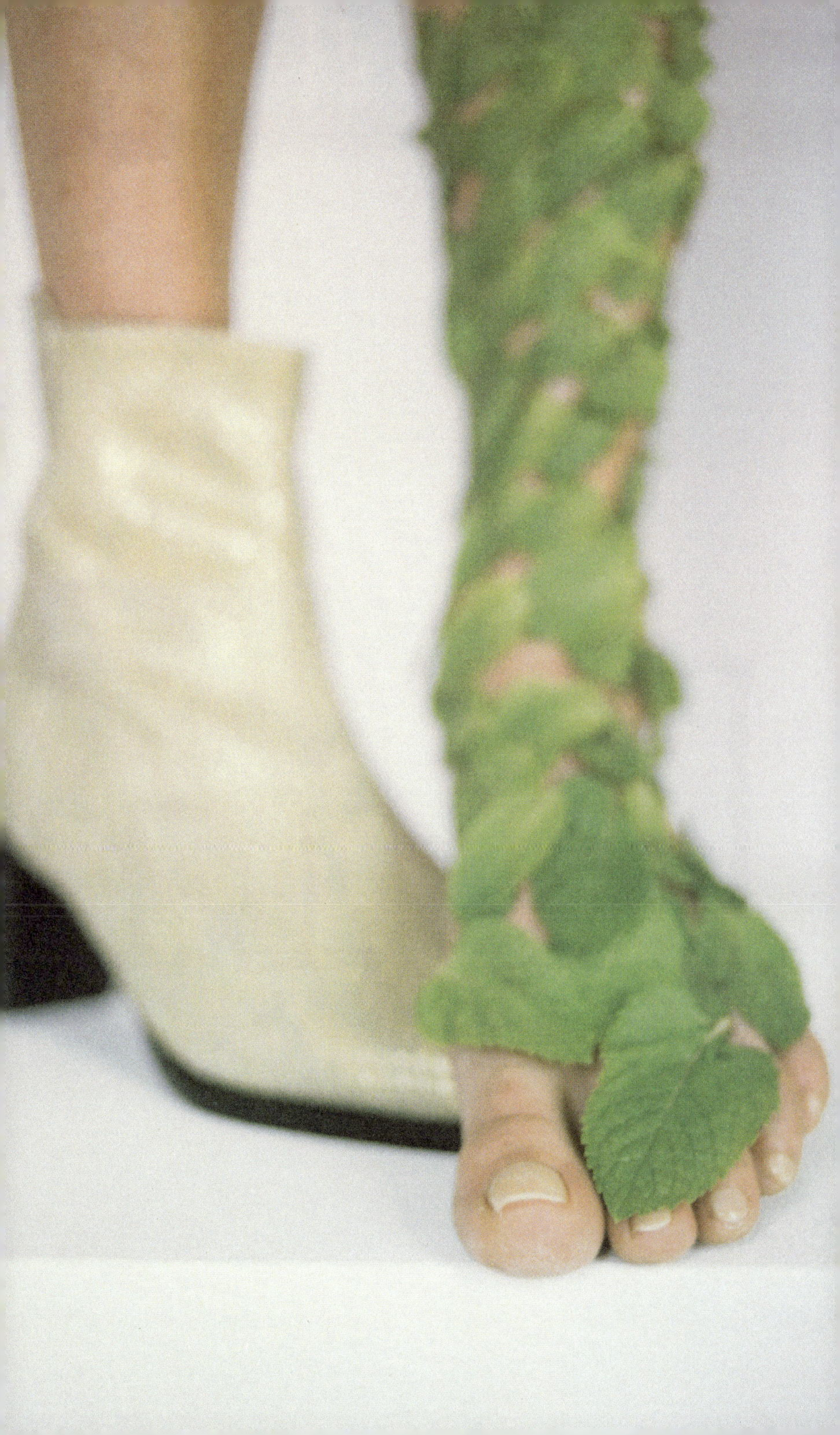

[fin

der]

[liebe und gefühl]

Der Vorleser - Bernhard Schlink, Diogenes, 7,90 €

Tipp von Botschafterin Grit / ALL ABOUT EVE

Der fünfzehnjährige Michael lernt Hanna, eine Frau von Mitte dreißig kennen. Sie wird seine erste Liebe. Die Beziehung zwischen dem Schüler und der Analphabetin endet abrupt, als Hanna eines Tages plötzlich verschwindet. Nach Jahren sieht er sie wieder – als Angeklagte in einem Nazi-Prozess.

„Der Vorleser" ist eine wunderschön geschriebene Liebesgeschichte. Stellenweise ist das Buch so spannend, dass ich es gar nicht mehr aus der Hand legen wollte. Der Roman ist eine wirklich gelungene Mischung aus historischem Roman, spannender Kriminalgeschichte und romantischer Liebesgeschichte.

Die Elfen von New York - Martin Millar, dtv, 8,90 €

Tipp von Botschafter Sebastian / ALL ABOUT ADAM

Zwei schottische Distelfeen sind auf der Flucht versehentlich nach New York geraten. Die eine landet bei einem ewig missgelaunten New Yorker, die andere bei der Frau, in die der muffelige Einzelgänger schon lange heimlich verliebt ist. Natürlich sind etliche Turbulenzen die Folge, die nicht zuletzt dadurch hervorgerufen werden, dass die beiden Elfen ihre beiden „Vermieter" miteinander verkuppeln wollen ... „Die Elfen von New York" war das erste Buch seit meiner Kinderzeit, das sich mit Elfen und anderen wundersamen Wesen beschäftigt. Seitdem üben diese fremden Welten eine absolute Faszination auf mich aus. Besonders schön finde ich die Vorstellung, dass sich Elfen genauso verhalten wie pubertierende Teenager – vielleicht sogar noch schlimmer! Außerdem ist das Buch witzig geschrieben – schon beim Lesen der ersten Seite habe ich Tränen gelacht.

Herzkasper - Rainer Neutzling, rororo, 7,90 €

Tipp von Botschafter Manuel H. / ALL ABOUT ADAM

„Herzkasper" ist eine Dreiecksgeschichte unter Jugendlichen. Die zwei Freundinnen Viola und Laura lernen unabhängig voneinander den 17-jährigen Micha kennen und verlieben sich beide in ihn. Die Freundschaft wird auf eine harte Probe gestellt, als Viola sich zwischen den beiden entscheiden muss. Nach zahlreichen Krisen nimmt die Geschichte dennoch einen guten Verlauf, und am Schluss wird klar: Wahre Freundschaft übersteht auch die größten Krisen.

Ich habe „Herzkasper" von meinem Großvater zum Geburtstag bekommen. Zuerst hatte ich gar keine Lust, es zu lesen, fand es „unmännlich", Liebesgeschichten zu lesen. Aber dann war ich total begeistert. Ich hatte von Anfang an das Gefühl, da erzählt mir jemand etwas, was mich persönlich angeht, was mir genauso passieren könnte. Ich denke, das Buch hat mich sehr viel offener für Themen wie Liebe und Sexualität gemacht. Und trotzdem ist es keinen Moment besserwisserisch oder altklug, sondern wunderschön, oft witzig und manchmal auch ganz traurig geschrieben.

Der Strand - Alex Garland, Goldmann, 8,00 €

Tipp von Botschafter Johannes / ALL ABOUT ADAM

„Der Strand" handelt von einem jugendlichen Rucksackreisenden in Thailand. Richard, ein englischer Traveller bekommt in Bangkok von einem mysteriösen Mann eine handgezeichnete Karte. Zusammen mit zwei anderen Travellern macht sich Richard auf, das auf der Karte eingezeichnete Paradies zu finden. Der Weg dorthin ist extrem beschwerlich, und was sie dort antreffen, übertrifft all ihre Erwartungen. Ich habe „Der Strand" gelesen, während ich selbst auf Reisen war. Aus diesem Grund konnte ich mich sehr gut in Richard, in das, was er denkt und fühlt, hineinversetzen. Die Reise als Suche nach etwas, als Sehnsucht nach unberührten Paradiesen. Außerdem ist „Der Strand" wahnsinnig spannend: Hat man erst einmal damit angefangen, mag man es kaum mehr aus der Hand legen.

Aus tiefstem Vergessen - Patrick Modiano, Hanser, 14,90 €

Buchtipp von Botschafterin Imke / ALL ABOUT EVE

Ein Mann erinnert sich. In der Metro sieht er eine Frau, die vor dreißig Jahren seine Jugendliebe gewesen sein könnte: Jacqueline. Diese Frau, Gérard und der Ich-Erzähler des Buches begegneten sich im Quartier Latin des Winters 1964/65. Jacqueline hat eine Leidenschaft fürs Schnüffeln aus Ätherflaschen, ist die Geliebte von Gérard und wird die des Ich-Erzählers – bis er sie verliert, an ihre Träume vom sonnigen Nichtstun am Mittelmeer. Jetzt, dreißig Jahre später, glaubt er, sie wiederzuerkennen. „Aus tiefstem Vergessen" mit seinen Erinnerungen an eine unbeschwerte Jugend, die wohl nur im Rückblick sorglos erscheint, in Wirklichkeit aber belastet ist von einer undefinierbaren Traurigkeit, hat mich sehr lange beschäftigt. Es hat mir gezeigt, dass in unserer gegenwartsversessenen Zeit ein Reichtum in der Fähigkeit zur Erinnerung liegt – ein Stück Individualität.

Romeo und Julia - William Shakespeare, Reclam, 2,60 €

Tipp von Botschafterin Amela / ALL ABOUT EVE

Romeo und Julia lieben sich, zwischen ihren Familien herrscht jedoch seit Generationen eine Blutfehde. So dürfen sie sich nicht sehen und erst recht nicht zusammenkommen. Trotz aller Widrigkeiten heiraten die beiden jedoch heimlich und schwören sich ewige Liebe. Durch einen unglücklichen Zufall entsteht ein derartiges Missverständnis, dass sich beide Protagonisten das Leben nehmen. So sind sie zumindest im Tode vereint und schaffen durch ihren Tod eine Brücke zwischen den verfeindeten Familien. Was mich an dem Buch am meisten berührt hat, ist, dass die Geschichte immer noch aktuell ist. Auch in der heutigen Zeit gibt es Liebende, die durch gesellschaftliche oder familiäre Ignoranz nicht zusammen sein können.

Stein und Flöte und das ist noch nicht alles - Hans Bemmann, Piper, 11,95 €

Tipp von Botschafter Luke / ALL ABOUT ADAM

Lauscher hat das Talent, Flöte zu spielen. Und die Macht, Menschen dadurch zu berühren. Somit lässt er sie „nach seiner Pfeife tanzen".

Dieses poetische Buch beschreibt die Grenzen seiner Macht: Als Lauscher seine Kräfte missbraucht, wird er zur Strafe zu Stein verwandelt. Erst die Macht der Liebe, das Verständnis einer schönen Frau, kann ihn befreien.

DEUTSCHLAND

[telefonberatung]

„Die Nummer gegen Kummer“
Kinder- und Jugendtelefon des Deutschen Kinderschutzbundes (Bundesweite Sondernummer bei allen Sorgen und Problemen, ob mit Schule, Eltern, Freund oder Freundin)
Tel.: 0800 / 111 03 33 oder
Tel.: 0130 / 81 11 03
In einigen Städten beraten immer samstags von 15.00 bis 19.00 Uhr Jugendliche Jugendliche am Kinder- und Jugendtelefon.
(u.a. in Bonn, Kiel, Lüneburg und Wiesbaden)

Telefonseelsorge
Tel.: 0800 / 111 01 11 oder
Tel.: 0800 / 111 02 22

Aidshilfe
Anonymes Beratungstelefon der deutschen Aidshilfe
(in Großstädten ohne Vorwahl, in allen anderen Orten mit der Vorwahl der nächstgelegenen Großstadt)
Tel.: 1 94 11

[allgemeine beratungsstellen]

Deutscher Caritasverband
Karlstr. 40
79104 Freiburg
Tel.: 0761 / 20 00

Deutsches Rotes Kreuz
Friedrich-Ebert-Allee 71
53113 Bonn
Tel.: 0228 / 541-0

Deutscher Paritätischer Wohlfahrtsverband e.V.
Gesamtverband
Heinrich-Hoffmann-Str. 3
60528 Frankfurt am Main
Tel.: 069 / 670 60

Deutsche AIDS-Hilfe e.V. (DAH)
Dieffenbachstr. 33
10967 Berlin
Tel.: 030 / 69 00 87-0

Diakonisches Werk der Evangelischen Kirche in Deutschland
Stafflenbergstr. 76
70010 Stuttgart
Tel.: 0711 / 215 90

PRO FAMILIA
Deutsche Gesellschaft für Familienplanung, Sexualpädagogik und Sexualberatung e.V.
Bundesverband
Stresemannallee 3
60596 Frankfurt am Main
Tel.: 069 / 63 90 02

Sozialdienst katholischer Frauen
Zentralstelle
Agnes-Neuhaus-Str. 5
44135 Dortmund
Tel.: 0231 / 55 70 26-0

Durchblick
Infoservice für Jugendliche über Empfängnisverhütung und Sexualität
Postfach 1272
85762 Oberschleißheim
Tel.: 0130 / 34 31

Bundeszentrale für gesundheitliche Aufklärung
Ostmerheimer Str. 220
51109 Köln
Tel.: 0221 / 899 20

Deutsche Arbeitsgemeinschaft für Jugend- und Eheberatung e.V.
(DAJEB)
Neumarkter Str. 84c
81673 München
Tel: 089 / 436 10 91

[pro-familia-adressen]

Landesverband Baden-Württemberg
Haußmannstr. 6
70188 Stuttgart
Tel.: 0711 / 25 993-53

Beratungsstellen Karlsruhe
Amalienstr. 25
76133 Karlsruhe
Tel.: 0721 / 92 05 05

Mannheim
M 2, Nr. 14
68161 Mannheim
Tel.: 0621 / 277 20

Stuttgart
Schloßstr. 60
70176 Stuttgart
Tel.: 0711 / 65 67 90-6

Landesverband Bayern
Düsseldorfer Str. 22
80804 München
Tel.: 089 / 306 11-285

Beratungsstellen München
Türkenstr. 103/I
80799 München
Tel.: 089 / 33 00 84-0

Augsburg
Hermanstr. 1
86150 Augsburg
Tel.: 0821 / 45 03 62-0

Passau
Bahnhofstr. 32 a
94032 Passau
Tel.: 0851 / 531 21

DEUTSCHLAND

[pro-familia-adressen]
Fortsetzung

Regensburg
Ludwig-Eckert-Str. 8
93049 Regensburg
Tel.: 0941 / 70 44 55

Landesverband Berlin
Kakkreuthstr. 4
10777 Berlin
Tel.: 030 / 213 90 20

Beratungsstelle Berlin
Kakkreuthstr. 4
10777 Berlin
Tel.: 030 / 39 84-98 98

Landesverband Bremen
Hollerallee 24
28209 Bremen
Tel.: 0421 / 340 60 60

Beratungsstelle Bremen
Hollerallee 24
28209 Bremen
Tel.: 0421 / 340 60 30

Landesverband Brandenburg
Gartenstr. 42
14482 Potsdam
Tel.: 0331 / 740 83 97

Beratungsstellen Brandenburg
Steinstr. 8
14776 Brandenburg
Tel.: 03381 / 21 17 20

Frankfurt an der Oder
Ferdinandstr. 16
15230 Frankfurt/Oder
Tel.: 0335 / 32 53 65

Potsdam
Heinrich-Mann-Allee 7
14473 Potsdam
Tel.: 0331 / 86 06 68

Landesverband Hamburg
Kohlhöfen 21
20355 Hamburg
Tel.: 040 / 309 97 49 30

Beratungsstelle Hamburg
Kohlhöfen 21
20355 Hamburg
Tel.: 040 / 309 97 49 10

Landesverband Hessen
Palmengartenstr. 14
60325 Frankfurt am Main
Tel.: 069 / 44 70 61

Beratungsstellen Darmstadt
Landgraf-Georg-Str. 120
64287 Darmstadt
Tel.: 06151 / 42 94 20

Frankfurt am Main
Palmengartenstr. 14
60325 Frankfurt am Main
Tel.: 069 / 90 744 744

Kassel
Frankfurter Str. 133a
34121 Kassel
Tel.: 0561 / 274 13

Landesverband Mecklenburg-Vorpommern
Barnstorfer Weg 50
18057 Rostock
Tel.: 0381 / 313 05

Beratungsstelle Rostock
Barnstorfer Weg 50
18057 Rostock
Tel.: 0381 / 313 05

Landesverband Niedersachsen
Steintorstr. 6
30159 Hannover
Tel.: 0511 / 36 36 08

Beratungsstellen Braunschweig
Hamburger Str. 226
38114 Braunschweig
Tel.: 0531 / 32 93 85

Hannover
Am Marstall 2
30159 Hannover
Tel.: 0511 / 30 18 57-80

Osnabrück
Georgstr. 14/16
49074 Osnabrück
Tel.: 0541 / 239 07

Landesverband Nordrhein-Westfalen
Postfach 13 09 01
42036 Wuppertal
Tel.: 0202 / 245 65 10

Aachen
Monheimsallee 11
52062 Aachen
Tel.: 0241 / 363 57

Bielefeld
Stapenhorststr. 5
33615 Bielefeld
Tel.: 0521 / 12 40 73

Bochum
Hans-Böckler-Str. 10a
44787 Bochum
Tel.: 0234 / 123 20

Bonn
Poppelsdorfer Allee 15
53115 Bonn
Tel.: 0228 / 242 22 43

Düsseldorf
Himmelgeister Str. 107a
40225 Düsseldorf
Tel.: 0211 / 31 50 51

Duisburg
Oststr. 172
47057 Duisburg
Tel.: 0203 / 35 07 00

Köln
Hansaring 84-86
50670 Köln
Tel.: 0221 / 12 20 87

DEUTSCHLAND

[pro-familia-adressen]
Fortsetzung

Krefeld
Mühlenstr. 42
47798 Krefeld
Tel.: 02151 / 248 34

Mönchengladbach
Friedhofstr. 39
41236 Mönchengladbach
Tel.: 02166 / 24 93 71

Landesverband Rheinland-Pfalz
Schießgartenstr. 7
55116 Mainz
Tel.: 06131 / 23 63 50

Beratungsstellen Koblenz
Schenkendorfstr. 24
56068 Koblenz
Tel.: 0261 / 348 12

Mainz
Quintinsstr. 6
55116 Mainz
Tel.: 06131 / 287 66 10

Landesverband Saarland
Mainzer Str. 106
66121 Saarbrücken
Tel.: 0681 / 645 67

Beratungsstelle Saarbrücken
Mainzer Str. 106
66121 Saarbrücken
Tel.: 0681 / 96 81 76 76

Landesverband Sachsen
Weststr. 56
09112 Chemnitz
Tel.: 0371 / 355 67 90

Beratungsstellen Leipzig
Egelstr. 4a
04103 Leipzig
Tel.: 0341 / 232 43 19

Landesverband Sachsen-Anhalt
Richard-Wagner-Str. 29
06114 Halle
Tel.: 0345 / 522 06 36

Beratungsstellen Halle
W.-von-Klewiz-Str. 11
06132 Halle
Tel.: 0345 / 77 48 242

Magdeburg
Lübecker Str. 24
39124 Magdeburg
Tel.: 0391 / 252 41 33

Landesverband Schleswig-Holstein
Marienstr. 29-31
24937 Flensburg
Tel.: 0461 / 909 26-20

Beratungsstellen Flensburg
Marienstr. 29-31
24937 Flensburg
Tel.: 0461 / 90 92 6-40

Kiel
Beselerallee 44
24105 Kiel
Tel.: 0431 / 862 30

Lübeck
Aegidienstr. 77
23552 Lübeck
Tel.: 0451 / 62 33 09

Landesverband Thüringen
Erfurter Str. 28
99423 Weimar
Tel.: 03643 / 77 03 03

Beratungsstellen Erfurt
Bahnhofstr. 27/28
99084 Erfurt
Tel.: 0361 / 373 16 87

Weimar
Erfurter Str. 28
99423 Weimar
Tel.: 03643 / 599 04

[allgemeine beratungsstellen]

SCHWEIZ

Dachverband PRO FAMILIA
Laupenstr. 45
3001 Bern
Tel.: 0041 / 31 / 381 90 30

Caritas Schweiz
Löwenstr. 3
CH-6002 Luzern
Tel.: 0041 /41 / 419 22 22

Beratungsstellen

Beratungsstelle für Familienplanung
Metzgergasse 20
5000 Aarau
Tel: 0041 / 62 / 822 55 22

Frauengesundheitszentrum
Aarbergergasse 16
3011 Bern
Tel.: 0041 / 31 / 312 31 20
Familienplanung und Partnerschaft
Beratungsstelle
Rosenbergstr. 10
9001 St. Gallen
Tel.: 0041 / 71 / 222 88 11

Beratungsstelle der Frauenstelle Zug
(Sexual- und Schwangerschaftsfragen)
Tiroler Weg 8
6300 Zug
Tel.: 0041 / 41 / 725 26 40

SCHWEIZ

Ehe- und Schwangerschaftsberatung
Hirschmannstr. 30b
6003 Luzern
Tel.: 0041 / 41 / 210 10 87

Pro Juventute
Zentrale
Seehofstr. 15
8022 Zürich
Tel.: 0041 / 1 / 256 77 77

Association Suisse de planning familial et d'éducation sexuelle
Avenue de Beaulieu 9
1004 Lausanne
Tel. : 0041 / 21 / 661 22 33

Aktion schwanger. ratlos–wir helfen
Hilfs- und Beratungsstelle
Postfach 189
3084 Wabern
Tel.: 0041 / 31 / 961 64 74

AIDS-Hilfe Schweiz
Konradstr. 20
8005 Zürich
Tel.: 0041 / 44 / 447 11 11

[telefonnummern]

Aargau
Tel.: 0041 / 62 / 824 44 50

Basel
Tel.: 0041 / 61 / 685 25 00

Bern
Tel.: 0041 / 31 / 390 36 36

Freiburg
Tel.: 0041 / 26 / 424 24 84

Genf
Tel: 0041 / 22 / 906 40 40

Graubünden
Tel.: 0041 / 81 / 252 49 00

Jura
Tel.: 0041 / 32 / 423 23 43

Neuenburg
Tel.: 0041 / 32 / 737 73 73

Ostschweiz
Tel.: 0041 / 71 / 223 38 68

Solothurn
Tel.: 0041 / 32 / 622 50 92

Tessin
Tel.: 0041 / 91 / 923 80 40

Waadt
Tel.: 0041 / 21 / 320 40 60

Wallis
Tel.: 0041 / 24 / 485 30 30
Tel.: 0041 / 27 / 322 87 57

Zentralschweiz
Tel.: 0041 / 41 / 859 17 27
Tel.: 0041 / 41 / 710 48 65

Zürich
Tel.: 0041 / 44 / 455 59 00

ÖSTERREICH

[allgemeine beratungsstellen]

Verein „WIFF“
Hauptplatz 2
9100 Völkermarkt
Tel.: 0043 / 4232 / 47 50

Familienzentrum Niederösterreich-Süd
Baumkirchner Ring 7
2700 Wiener Neustadt
Tel.: 0043 / 2622 / 280 85

Verein für Jugend- und Familienberatung
Beratungsstelle „Bily“
Weißenwolffstr. 17a
4020 Linz
Tel.: 0043 / 732 / 77 04 97

Sexualberatungsstelle Salzburg
Platzl 2
5020 Salzburg
Tel.: 0043 / 662 / 87 08 70

Steirischer Familienbund
Alter Bahnhof
8443 Gleinstätten
Tel.: 0043 / 3457 / 21 55 16

Pro Juventute
Hauptplatz 3
8970 Liezen
Tel.: 0043 / 3612 / 22 485

Jugendberatungsstelle Mühletor
Schillerstr. 18
6800 Feldkirch
Tel.: 0043 / 5522 / 76 72 90

Familien- und Jugendberatung
Dr. Herbert Nägele
In der Telle 7
6921 Kennelbach
Tel.: 0043 / 5574 / 778 99

All about Adam
Alles, was Mädchen über Jungs wissen müssen

192 Seiten ISBN-10: 3-570-30335-7
ISBN-13: 978-3-570-30335-1

Wer versteht schon diese Jungs? Hier erzählen dir 11 Jungs ganz offen von ihren Erfahrungen und Gefühlen: Vom Verknalltsein und Küssen, vom ersten Date und vom ersten Mal, von Eifersucht und Fremdgehen. Außerdem: Tipps und Ratschläge von kompetenten Psychologen, aufschlussreiche Tests und interessante Specials … einfach alles was ihr Mädchen über Jungs wissen müsst!